신개념 한국명리학총서 14

택일을 잘해야 행복하다

(좋은 날 보는 법)

정용빈 편저

- 혼인택일 (婚姻擇日)
- 이사택일 (移徙擇日)
- 상용택일 (常用擇日)
- 성조택일 (成造擇日)
- 사주간명 (四柱看命)
- 제사 (祭祀) 기복 (祈福)
- 상장택일 (喪葬擇日)

법문북스

머리말

인간의 행복을 추구하는 역리사상(易理思想)은 아득한 옛날부터 우리 선조들의 생활 철학으로서 일상생활에 깊숙이 자리잡고 오랜 세월 동안 널리 전승되어 왔다. 조선조에만 해도 관상감(觀象監)에 추길관(諏吉官)이란 직제를 두고 책력(册曆)과 택일(擇日)을 전담케 하였으며, 현대 사회에서도 큰 행사를 치루는 과정에서 먼저 택일부터 하게 된다.

이는 흉한 날을 피하고 좋은 날을 가려서 인위적으로 재앙을 제거하고 번영의 행복을 추구하는 데 있으니 모든 행사의 절차에 있어 선행이 되어야 할 사항이라고 본다.

그리고 현재 택일에 관한 서적들이 많이 있으나 이들 학설이 조금씩 다르고 내용 또한 어려워 일상 활용에 번거로움이 적지 않다.

그래서 본서는 여러 서적들을 종합하여 알기 쉽게 정리하여 누구나 일상생활에서 응용 할 수 있도록 편술하였으니 독자 제위의 행운을 유도하는데 일조가 되었으면 하는 마음 간절하다.

편저자 씀

머리말

제1장 기초원리(基礎原理)

1. 음양(陰陽)과 오행(五行) ───────────── 21

2. 천간(天干)과 지지(地支) ───────────── 22

   (1) 10천간(天干) ─── 23
   (2) 12지지(地支) ─── 24
   (3) 간지오행(干支五行) 종합표 ─── 25

3. 갑자(甲子)와 납음오행(納音五行) ───────── 26

   (1) 60갑자(甲子) 납음오행표(納音五行表) ─── 27
   (2) 공망(空亡) ─── 28

4. 오행(五行)의 상생(相生)과 상극(相剋) ────── 29

   (1) 오행(五行)의 상생(相生) ───29
   (2) 오행(五行)의 상극(相剋) ───31

5. 간지(干支)의 합충(合冲) ────────────── 33

   (1) 천간합(天干合) ───33
   (2) 천간충(天干冲) ───33
   (3) 합(合)충(冲)과(破)해(害) 원진(元嗔)표 ───35
   (4) 지지합(地支合) ───36

6

(5) 상충(相冲)과 상형(相刑) ———— 37

(6) 상파(相破) ———— 38

(7) 상해(相害) ———— 38

(8) 원진(元嗔) ———— 38

6. 지지(地支) 정월(定月) 정시(定時)법 ——————— 40

(1) 정월법(定月法) ———— 40

(2) 정시법(定時法) ———— 40

(3) 월건(月建) 조견표(早見表) ———— 41

(4) 시건(時建) 조견표(早見表) ———— 42

7. 천간생왕(天干生旺) 12운성표(運星表) ——————— 43

8. 지지(地支) 포태정국(胞胎定局) ——————— 45

(1) 12운성(運星) 해설 ———— 45

제2장 각종신살(各種神殺)

1. 12신살(神殺) 조견표 ——————————— 49

(1) 겁살(劫殺) ———— 49

(2) 재살(災殺) ———— 50

(3) 천살(天殺) ———— 50

(4) 지살(地殺) ———— 50

(5) 연살(年殺) ———— 50

　(6) 월살(月殺) ──── 51

　(7) 망신살(亡身殺) ──── 51

　(8) 장성살(將星殺) ──── 51

　(9) 반안살(攀鞍殺) ──── 51

　(10) 역마살(驛馬殺) ──── 52

　(11) 육해살(六害殺) ──── 52

　(12) 화개(華蓋) ──── 52

2. 천간(天干) 중심의 신살(神殺) ──────────── 53

　(1) 천을귀인(天乙貴人) ──── 53

　(2) 정록(正祿) ──── 54

　(3) 정재(正財) ──── 54

　(4) 정관(正官) ──── 54

　(5) 칠살(七殺) ──── 54

　(6) 식신(食神) ──── 54

　(7) 양인(羊刃) ──── 55

3. 월지(月支) 중심의 신살(神殺) ──────────── 56

　(1) 천·월덕(天月德) ──── 56

　(2) 천월덕합(天月德合) ──── 56

4. 삼재(三災) ──────────────── 57

5. 기타 길신일(其他吉神日) ────────────── 58

　(1) 천상천하(天上天下) 대공망일(大空亡日) ──── 58

　(2) 천은상길일(天恩上吉日) ──── 58

(3) 대명상길일(大明上吉日) ———59

(4) 천사상길일(天赦上吉日) ———59

(5) 모창상길일(母倉上吉日) ———59

(6) 천롱일(天聾日) ———60

(7) 지아일(地啞日) ———60

(8) 오공일(五空日) ———60

(9) 천지개공일(天地皆空日) ———61

6. 기타 흉신일(其他凶神日) ——————— 62

(1) 사시흉신일(四時凶神日) ———62

(2) 십악대패일(十惡大敗日) ———63

(3) 칠살일(七殺日) ———63

(4) 복단일(伏斷日) ———64

(5) 태허일(太虛日) ———64

(6) 기왕망일(氣往亡日) ———64

(7) 백기일(百忌日) ———65

제3장 택일문(擇日門)

1. 생기법(生氣法) ——————— 67

(1) 남녀 생기(生氣) 길흉표 ——— 68

2. 각신정국(各神定局) ——————— 70

(1) 세간길신(歲干吉神) ———70

(2) 세지길신(歲支吉神) ———72

(3) 세간흉신(歲干凶神) ———74

(4) 세지흉신(歲地凶神)① ———76

　　세지흉신(歲支凶神)② ——— 78

(5) 월가길신(月家吉神)① ———80

　　월가길신(月家吉神)② ——— 82

　　월가길신(月家吉神)③ ——— 84

(6) 월가흉신(月家凶神)① ———86

　　월가흉신(月家凶神)② ——— 88

　　월가흉신(月家凶神)③ ——— 90

　　월가흉신(月家凶神)④ ——— 92

　　월가흉신(月家凶神)⑤ ——— 94

3. 황흑도 정국(黃黑道定局) ——————— 95

4. 생갑(生甲)·병갑(病甲)·사갑(死甲) ——————— 97

5. 건제(建除) 12신(神) 정국표(定局表) ——————— 98

(1) 건제(建除) 12신(神) 길흉해설 ———99

6. 28숙성정국(宿星定局) ——————— 101

(1) 28숙성(宿星) 길흉해설 ———101

제4장 혼인택일(婚姻擇日)

1. 혼인 해(年)를 가리는 법 —————— 107

2. 혼인 달(月)을 가리는 법 —————— 108

(1) 살부대기월(殺夫大忌月) ——— 108

3. 혼인에 좋은 길신일 —————— 109

(1) 납징정친일(納徵定親日) ———109
(2) 축월(逐月) 음양부장길일(陰陽不將吉日) ———110
(3) 오합일(五合日) ——— 111
(4) 10전 대길일(大吉日) ———111
(5) 통용길일(通用吉日) ———112
(6) 사계길일(四季吉日) ———112
(7) 사대길일(四大吉日) ———113
(8) 생갑(生甲)·병갑(病甲)·사갑(死甲)정국표 ——— 114
(9) 황도정국(黃道定局) ———114
(10) 천월덕합(天月德合) ——— 115
(11) 송례천복길일(送禮天福吉日) ———115
(12) 관병일(冠笄日) ———116

4. 혼인에 꺼리는 흉신일 —————— 117

(1) 고신과숙살(孤辰寡宿殺) ———117
(2) 가취 대흉일(嫁娶大凶日) ——— 117
(3) 상부상처살(喪夫喪妻殺) ———118

(4) 혼인총기일(婚姻總忌日) ──── 118
(5) 총기일 정국표 ──── 119
(6) 월기일(月忌日) ──── 120
(7) 십악일(十惡日) ──── 120
(8) 복단일(伏斷日) ──── 120

5. 주당법(周堂法) ──────────────── 121

(1) 혼인주당(婚姻周堂) ──── 121
(2) 신행주당(新行周堂) ──── 122

6. 신부좌향길방(新婦坐向吉方) ──────── 123

7. 택일 요령과 길신 선택법 ───────── 124

제5장 이사택일(移徙擇日)

1. 이사방위(移徙方位) ───────────── 126

2. 만인 공통 길흉 방위 ─────────── 127

(1) 오황살방(五黃殺方) ──── 127
(2) 암검살방(暗劍殺方) ──── 127
(3) 세파방(歲破方) ──── 127
(4) 월파방(月破方) ──── 127
(5) 세덕방(歲德方) ──── 128

12

(6) 태세방(太歲方) ——— 128

3. 이사방위 길흉표 ——————————————— 129

   (1) 이사방위의 길흉 설명 ——— 130

4. 이사에 좋은 날 ——————————————— 131

   (1) 입택귀화일(入宅歸火日) ——— 131
   (2) 이거길일(移居吉日) ——— 132
   (3) 분가산 길일(分家産吉日) ——— 132
   (4) 신가입택길일(新家入宅吉日) ——— 133
   (5) 구옥입택길일(舊屋入宅吉日) ——— 133
   (6) 인동일(人動日)과 인격일(人隔日) ——— 133

5. 태백살방(太白殺方) ————————————— 134

6. 이안주당(移安周堂) ————————————— 134

제6장 제사(祭祀)·기복(祈福) 택일

1. 제사길일(祭祀吉日) ————————————— 145

2. 기복길일(祈福吉日) ————————————— 146

3. 불공길일(佛供吉日) ————————————— 147

4. 산신제일(山神祭日) ──────────── 147

5. 수신제일(水神祭日) ──────────── 148

6. 지신제일(地神祭日) ──────────── 148

7. 칠성제일(七星祭日) ──────────── 149

8. 조왕상천일(竈王上天日) ─────────── 149

9. 신사기도일(神祀祈禱日) ─────────── 150

10. 조왕회집일(竈王會集日) ─────────── 150

제7장 상용택일(常用擇日)

1. 출행길일(出行吉日) ──────────── 151

2. 행선길일(行船吉日) ──────────── 152

3. 공직부임일(公職赴任日) ─────────── 153

4. 흉신정국표(凶神定局表) ─────────── 154

5. 진인구일(進人口日) ──────────── 155

14

6. 납노비일(納奴婢日) ———————————— 155

7. 입권·교역일(立券交易日) ———————————— 156

8. 개점일(開店日) ———————————— 156

9. 상매 흥판일(商賣興販日) ———————————— 157

10. 상장일(上章日) ———————————— 157

11. 입학일(入學日) ———————————— 158

12. 회의(會議)및 연회일(宴會日) ———————————— 159

13. 구사일(求嗣日) ———————————— 159

14. 구의료병일(求醫療病日) ———————————— 160

15. 복약일(服藥日) ———————————— 161

16. 제의일(裁衣日) ———————————— 162

17. 조주일(造酒日) ———————————— 163

18. 조장일(造醬日) ———————————— 163

19. 신상 안치일(神像安置日) ——————— 163

20. 파종일(播種日) ——————— 164

21. 식목일(植木日) ——————— 164

22. 벌목일(伐木日) ——————— 165

23. 소아 단유일(小兒斷乳日) ——————— 166

24. 제언색수일(堤堰塞水日) ——————— 166

25. 방사기피일(房事忌避日) ——————— 166

제8장 성조택일(成造擇日)

1. 성조운(成造運) ——————— 168

   (1) 성조본명사각법(成造本命四角法) ——— 168
   (2) 연령으로 본 사각법(四角法) ——— 169
   (3) 금루사각법(金樓四角法) ———170
   (4) 생년성조길년(生年成造吉年) ——— 171
   (5) 성조연월(成造年月) 길흉운(吉凶運) ——— 171
   (6) 좌운법(坐運法) ——— 172

2. 성조전길일(成造全吉日) ——————— 173

16

3. 기지길일(基地吉日) —————————————————— 173

4. 정초길일(定礎吉日) —————————————————— 174

5. 수주길일(豎柱吉日) —————————————————— 175

6. 상량길일(上樑吉日) —————————————————— 175

7. 동토길일(動土吉日) —————————————————— 176

8. 개옥길일(蓋屋吉日) —————————————————— 177

9. 수조길일(修造吉日) —————————————————— 178

10. 수조문길일(修造門吉日) ————————————————— 179

11. 파옥일(破屋日) ——————————————————— 179

12. 색문일(塞門日) ——————————————————— 179

13. 투수일(偸修日) ——————————————————— 180

14. 천정일(穿井日) ——————————————————— 180

15. 수정일(修井日) ——————————————————— 181

16. 개지당일(開池塘日) ———————————— 182

17. 작측일(作厠日) ————————————————— 182

18. 수측일(修厠日) ————————————————— 182

19. 작축사일(作畜舍日) ——————————————— 183

20. 안대애일(安碓磑日) ——————————————— 184

21. 조창고일(造倉庫日) ——————————————— 184

22. 수창고일(修倉庫日) ——————————————— 185

23. 수돌일(修突日) ————————————————— 185

24. 작조일(作竈日) ————————————————— 185

25. 조묘기일(造廟忌日) ——————————————— 186

26. 출입문 길흉방(出入門吉凶方)① ———————— 187

27. 출입문 길흉방(出入門吉凶方)② ———————— 188

28. 주택 신축시 고려사항(考慮事項) ——————— 192

　(1) 택지(宅地)를 선정할 때 ———192

18

(2) 집을 새로 지을 때 ——— 193

제9장 상장택일(喪葬擇日)

1. 축월안장 길일(逐月安葬吉日) —————————— 197

2. 천우불수총 길일(天牛不守塚吉日) ——————— 199

3. 수묘길일(修墓吉日) ————————————— 199

(1) 천상천하대공망일(天上天下大空亡日) ——— 199
(2) 투수일(偸修日) ——— 199
(3) 세관교승(歲官交承) ——— 200
(4) 한식(寒食)과 청명(淸明) ——— 200

4. 사초운(沙草運) ——————————————— 201

5. 구묘(舊墓) 이장운(移葬運) ———————————— 201

6. 이장연운(移葬年運) ———————————— 202

7. 이장일(移葬日) ——————————————— 203

8. 취토길방(取土吉方) ———————————— 204

9. 축월참초파토일(逐月斬草破土日) ——————— 204

10. 안장주당(安葬周堂) ──────────────── 205

11. 상장흉살일(喪葬凶殺日) ─────────── 206

(1) 중상(重喪)·중일(重日)·복일(復日) ──── 206
(2) 밀일(密日) ──── 207
(3) 팔산도침일(八山刀砧日) ──── 207
(4) 입지공망일(入地空亡日) ──── 207

12. 정상기방(停喪忌方) ───────────── 208

13. 제주(祭主) 불복방(不伏方) ──────── 208

(1) 삼살방(三殺方) ──── 208
(2) 양인방(羊刃方) ──── 209

14. 정충(正冲)및 순충(旬冲) ────────── 209

15. 하관길시(下棺吉時) ───────────── 210

(1) 황도시(黃道時) ──── 210
(2) 귀인시(貴人時) ──── 210

16. 상장(喪葬)에 꺼리는 흉살(凶殺) ───── 211

17. 장법 요론(葬法要論) ───────────── 211

제10장 사주간명(四柱看命)

1. 사주(四柱)의 구성(構成) ───────────── 222

2. 천간생왕(天干生旺) 12운성표 ───────── 223

   (1) 천간생왕(天干生旺) 12운성의 운기(運氣) ───224

3. 귀액(貴厄) 12천성 ─────────────── 232

   (1) 귀액(貴厄) 12천성 회좌표(回座表) ───233
   (2) 귀액(貴厄) 12천성의 운기(運氣) ───234

제1장 기초원리(基礎原理)

1. 음양(陰陽)과 오행(五行)

우주의 생성과 종말에 대해서는 지금까지 확실한 정설이 없으나 음양오행론(陰陽五行論)에 의하면 태극(太極)에서 처음 천지(天地)가 개판(開判)될 때 밝은 것은 하늘이 되고, 어두운 것은 땅이 되어 천지가 형성되면서 음(陰)과 양(陽)·오행(五行)이 함께 생출(生出)하고 우주가 전개되었다고 한다.

이리하여 우주의 모든 만물은 전부가 음양의 과정을 거쳐서 생성(生成)되고, 금(金)·목(木)·수(水)·화(火)·토(土) 오행의 원리에 의해서 생멸(生滅)하고 성쇠(盛衰)가 이루어진다.

이와같이 오묘(奧妙)하고 무한대한 음양과 오행의 기운은 우주 만물의 존재와 변화 작용의 원천을 이루며 자연이나 인간을 포함한 모든 생명체의 근본이 음양 오행의 원리와 그 기운에 의해서 이루어진다고 보고 있다.

본시 음양 오행의 이치와 조화가 너무나 심오하고 변화 무쌍하여 그 광대한 원리를 모두 이해하기에는 어려움이 많으나 모든 생명의 조화 작용과 길흉 화복의 원리가 전부 음양 오행에 소속되어 있으므로 독자는 먼저 음양과 오행의 기초 원리부터 차분하게 숙지해야 이해가 빠르다.

五行 (오행)	金 (금)	木 (목)	水 (수)	火 (화)	土 (토)

2. 천간(天干)과 지지(地支)

천간과 지지는 음양과 오행을 표상(表象)하는 문자이다. 고대 중국에서는 10천간(天干)과 12지지(地支)를 표시해서 달력으로도 사용하고 점차 각 분야에 확대 적용하여 점(占)도 치게 되었다고 한다.

10천간은 갑(甲)·을(乙)·병(丙)·정(丁)·무(戊)·기(己)·경(庚)·신(辛)·임(壬)·계(癸)이고, 12지지는 자(子)·축(丑)·인(寅)·묘(卯)·진(辰)·사(巳)·오(午)·미(未)·신(申)·유(酉)·술(戌)·해(亥)이다.

이 10천간과 12지지를 순차적으로 배합하여 60갑자(甲子)의 모체가 되는데 여기에는 음(陰)과 양(陽)이 있고, 금(金)·목(木)·수(水)·화(火)토(土)의 오행(五

行)이 배속되어 있다. 따라서 사주명리학(四柱命理學)을 위시하여 역점(易占)·성명(姓名)·택일(擇日) 등 모든 역리철학(易理哲學)이 간지(干支)의 음양 오행과 변화 작용의 원리를 풀이한 것이므로 오행학상(五行學上)의 기본 술어만은 꼭 숙지하고 학습에 임해야 쉽게 이해할 수 있다.

(1) 10천간(天干)

천간 (天干)	갑 (甲)	을 (乙)	병 (丙)	정 (丁)	무 (戊)	기 (己)	경 (庚)	신 (辛)	임 (壬)	계 (癸)
음양 (陰陽)	양	음	양	음	양	음	양	음	양	음
오행 (五行)	목 (木)		화 (火)		토 (土)		금 (金)		수 (水)	
절기 (節氣)	봄 (春)		여름 (夏)		사계 (四季)		가을 (秋)		겨울 (冬)	
방위 (方位)	동 (東)		남 (南)		중앙 (中央)		서 (西)		북 (北)	

10천간은 하늘을 상징하고, 양(陽)에 속하면서 음과 양을 내포하고 있다. 그래서 천간「갑(甲)」은 양(陽)이고,「을(乙)」은 음(陰)이며, 오행으로는 「목(木)」에 속하고 절기로는 「봄(春)」, 방위로는 「동(東)」에 해당한다.

(2) 12지지(地支)

지지 (地支)	자 (子)	축 (丑)	인 (寅)	묘 (卯)	진 (辰)	사 (巳)	오 (午)	미 (未)	신 (申)	유 (酉)	술 (戌)	해 (亥)
음양 (陰陽)	양	음	양	음	양	음	양	음	양	음	양	음
오행 (五行)	수	토	목	목	토	화	화	토	금	금	토	수
월별 (月別)	11	12	1	2	3	4	5	6	7	8	9	10

　　12지지는 땅을 상징하고, 음(陰)에 속하면서 「양」과 「음」을 내포하고 있다. 그래서 지지 「자(子)」는 「양(陽)」이고, 오행으로는 「수(水)」에 속하며, 월(月)로는 「11월」에 해당되고, 「축(丑)」은 「음(陰)」이며, 오행으로는 「토(土)」에 속하면서 월(月)로는 「12월」에 해당된다.

(3) 간지오행(干支五行) 종합표

천간 (天干)	갑을 (甲乙)	병정 (丙丁)	무기 (戊己)	경신 (庚辛)	임계 (壬癸)
지지 (地支)	인묘 (寅卯)	샤오 (巳午)	진술축미 (辰戌丑未)	신유 (申酉)	해자 (亥子)
수 (數)	3.8	7.2	5.10	9.4	1.6
오방 (五方)	동 (東)	남 (南)	중앙 (中央)	서 (西)	북 (北)
절기 (節氣)	봄 (春)	여름 (夏)	사계 (四季)	가을 (秋)	겨울 (冬)
오기 (五氣)	바람 (風)	열 (熱)	습기 (濕)	건조 (燥)	한 (寒)
오색 (五色)	청 (靑)	적 (赤)	황 (黃)	백 (白)	흑 (黑)
오미 (五味)	산 (酸)	고 (苦)	감 (甘)	신 (辛)	함 (鹹)
오행 (五行)	목 (木)	화 (火)	토 (土)	금 (金)	수 (水)

3. 갑자(甲子)와 납음오행(納音五行)

　10천간과 12지지에서 이루어지는 여러 가지 현상과 조화는 무궁 무진하다. 인간사에서 남녀가 짝을 형성하여 조화를 이루듯이 10천간과 12지지가 순차적으로 결합하여 60갑자(甲子)를 형성하는데, 예를 들면 10간의 첫째 「갑(甲)」과 12지지의 첫째 「자(子)」가 합하여 「갑자(甲子)」가 되고, 다음 「을(乙)」과 「축(丑)」이 합하여 「을축(乙丑)」이 된다.

　이와 같은 순으로 결합이 되어 「임술(壬戌)」「계해(癸亥)」에서 끝이 나는데, 이 순서가 한바퀴 돌면 60이 된다. 그래서 옛부터 우리 인간은 만 60세가 되면 회갑(回甲)이라 하여 잔치를 베풀고 축하를 해왔다.

　이 납음오행(納音五行)은 음양의 조화에 의해서 만물이 생성해 가는 차례를 오행으로 표시한 것이므로 택일(擇日)에서는 크게 중시하지 않으며 그 원리가 너무나 심오하여 여기서는 생략한다.

(1) 60갑자(甲子) 납음오행표(納音五行表)

갑자 을축 (甲子)(乙丑)	병인 정묘 (丙寅)(丁卯)	무진 기사 (戊辰)(己巳)	경오 신미 (庚午)(辛未)	임신 계유 (壬申)(癸酉)	공망 (空亡)
해중금	노중화	대림목	노방토	검봉금	술해(戌亥)
갑술 을해 (甲戌)(乙亥)	병자 정축 (丙子)(丁丑)	무인 기묘 (戊寅)(己卯)	경진 신사 (庚辰)(辛巳)	임오 계미 (壬午)(癸未)	
산두화	윤하수	성두토	백납금	양유목	신유(申酉)
갑신 을유 (甲申)(乙酉)	병술 정해 (丙戌)(丁亥)	무자 기축 (戊子)(己丑)	경인 신묘 (庚寅)(辛卯)	임진 계사 (壬辰)(癸巳)	
정천수	옥상토	벽력화	송백목	장류수	오미(午未)
갑오 을미 (甲午)(乙未)	병신 정유 (丙申)(丁酉)	무술 기해 (戊戌)(己亥)	경자 신축 (庚子)(辛丑)	임인 계묘 (壬寅)(癸卯)	
사중금	산하화	평지목	벽상토	금박금	진사(辰巳)
갑진 을사 (甲辰)(乙巳)	병오 정미 (丙午)(丁未)	무신 기유 (戊申)(己酉)	경술 신해 (庚戌)(辛亥)	임자 계축 (壬子)(癸丑)	
복등화	천하수	대역토	채천금	상차목	인묘(寅卯)
갑인 을묘 (甲寅)(乙卯)	병진 정사 (丙辰)(丁巳)	무오 기미 (戊午)(己未)	경신 신유 (庚申)(辛酉)	임술 계해 (壬戌)(癸亥)	
대계수	사중토	천상화	석류목	대해수	자축(子丑)

(2) 공망(空亡)

갑자순 (甲子旬)	갑술순 (甲戌旬)	갑신순 (甲申旬)	갑오순 (甲午旬)	갑진순 (甲辰旬)	갑인순 (甲寅旬)
술해 (戌亥)	신유 (申酉)	오미 (午未)	진사 (辰巳)	인묘 (寅卯)	자축 (子丑)

천간(天干)과 지지(地支)가 배합되어 60갑자를 구성할 때 천간은 10천간이고, 지지는 12지지이기 때문에 지지 두 자가 남는다. 이 남은 두 지지를 공망이라 하며 양지(陽支)를 「공」이라 하고 음지(陰支)를 「망」이라 이르는데 갑자(甲子)에서 계유(癸酉)까지는 술해(戌亥)가 없으므로 술해가 공망이고 갑술(甲戌)에서 계미(癸未)까지는 신유(申酉)가 공망이며, 갑신(甲申)에서 계사(癸巳)까지는 오미(午未)가 공망이다. 이와 같은 방법으로 보면 된다.

이 순중(旬中) 공망일(空亡日)은 남자 없는 여자와 같아서 기조(起造)·장매(葬埋)·혼인(婚姻) 등의 모든 일에 무기(無氣)하다 하여 쓰지 않는다. 다만 흉신(凶神)이 이 「공망」을 만나면 흉사(凶事)가 감소되어 좋으나 길신(吉神)은 「공망」을 만나면 복분이 감소되어 꺼린다.

4. 오행(五行)의 상생(相生)과 상극(相剋)

오행의 상생(相生)과 상극(相剋)의 원리는 봄이 오면 꽃이 피고 여름이 가면 가을이 오고, 꽃이 지면 열매를 맺는 것과 같이 자연에 의해서 공전하는 것이 상생과 상극의 원리라 하겠다.

따라서 천간(天干)과 지지(地支)에는 각각 그에따른 음양과 오행이 있으며, 또 서로 생(生)하고 극(剋)하고 합(合)하고 충(沖)하는 것이 있다. 그리고 천간과 지지는 서로 합(合)함에 따라 그 자체의 오행이 다른 오행으로 변하는 묘리(妙理)도 함께 내포하고 있다.

(1) 오행(五行)의 상생(相生)

상생 (相生)	금생수 (金生水)	수생목 (水生木)	목생화 (木生火)	화생토 (火生土)	토생금 (土生金)

○ **금생수**(金生水)

금석을 통해서 물이 소생하니 금(金)은 물(水)을 낳고, 물은 금에 의해서 생출된다. 금이 없으면 물이 생성(生成)될 수 없으니 금(金)은 물(水)의 희생자가 되면서 물을 생출한다.

○ **수생목**(水生木)

물(水)은 나무(木)를 자라게 하니 나무를 생성하고, 나무는 물을 먹고 자란다. 물이 없으면 나무가 성장할 수 없으니 물은 나무의 희생자가 되면서 나무를 생성한다.

○ 목생화(木生火)

나무(木)를 태워야 불(火)이 일어나니 나무는 불을 낳고, 불은 나무에 의해서 생성된다. 나무가 없으면 불은 살 수가 없으니 나무는 불의 희생자가 되면서 불(火)을 생성한다.

○ 화생토(火生土)

불에 탄 재가 흙이 되니 불(火)은 흙(土)을 낳고, 흙은 불에 의해서 생성된다. 불이 없으면 흙이 형성될 수 없으니 불은 흙의 희생자가 되면서 흙을 생성한다.

○ 토생금(土生金)

흙이 압축되어 금(金)이 되니 흙은 금을 낳고, 금은 흙에 의해서 생성된다. 흙이 없으면 금이 생성될 수 없으니 흙은 희생자가 되면서 금을 생출(生出)한다.

○ 상생(相生)의 원리(原理)

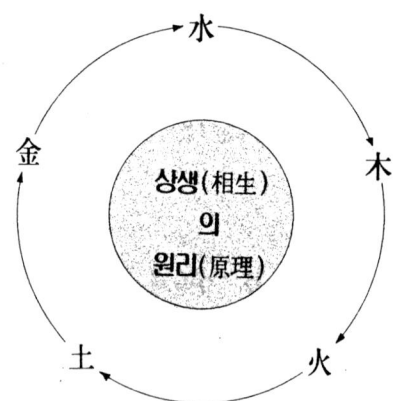

이는 「금생수→수생목→목생화→화생토→토생금」 순으로 상생작용(相生作用)이 끊임없이 순환·반복되고 있다.

(2) 오행(五行)의 상극(相剋)

상극 (相剋)	수극화 (水剋火)	화극금 (火剋金)	금극목 (金剋木)	목극토 (木剋土)	토극수 (土剋水)

○ **수극화**(水剋火)

물(水)은 타는 불(火)을 꺼버릴 수 있고, 불은 물을 만나면 꺼짐을 당한다.

○ **화극금**(火剋金)

불(火)은 금속류를 녹일 수 있고, 금(金)은 불에 의해 녹힘을 당하고 변형된다.

○ **금극목**(金剋木)

금(金)은 나무(木)를 자를 수 있고, 나무는 금속에 의해 잘리워진다.

○ **목극토**(木剋土)

나무(木)는 흙(土) 속에 뿌리를 박고, 흙은 나무에 의해 파괴된다.

○ **토극수**(土剋水)

흙(土)은 물(水)을 못 흐르게 막을 수 있고, 물은 흙에 의해 막힘을 당하고 흡수된다.

상극(相剋)의 원리(原理)

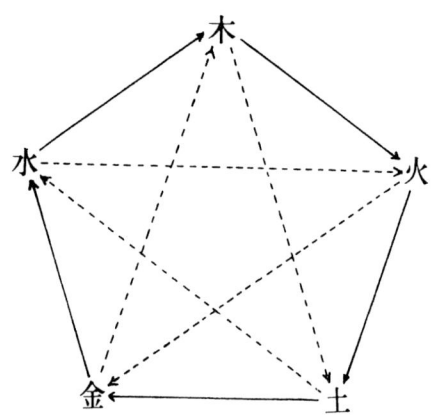

　위의 그림에서 보는 바와 같이 「금(金)·목(木)·수(水)·화(火)·토(土)」 오행의 각 국이 상생과 상극에 다같이 연관성을 가지고 있다. 예를 들면 목(木)은 「목생화」·「수생목」의 상생 작용에 연관되기도 하지만 「금극목」·「목극토」의 상극 작용에도 연관된다. 이는 오행의 상생중에 상극이 내포되어 있고, 상극중에 상생이 내포되어 있다. 만약에 상생만 있고, 상극이 없다면 정상적인 평형 발전이 유지될 수 없고, 반대로 상극만 있고 상생이 없다면 우주 만물은 생성할 수 없을 것이다. 그리하여 상생과 상극은 모든 사물이 평형을 유지하기 위해서는 상호 불가분리의 관계에 있음을 알 수 있다.

5. 간지(干支)의 합충(合冲)

(1) 천간합(天干合)

갑기합화토 (甲己合化土)	을경합화금 (乙庚合化金)	병신합화수 (丙辛合化水)
정임합화목 (丁壬合化木)	무계합화화 (戊癸合化火)	

천간(天干)과 지지(地支)는 서로 만남에 따라 그 본래의 오행이 변하여 다른 오행이 되기도 한다. 천간합(天干合)은 음과 양이 화합하여 유정한 부부관계를 이루는 것과 같다. 10간중 다섯 개의 양간(陽干)이 여섯 번째 음간(陰干)과 합(合)이 되는데, 「갑(甲)」·「양목(陽木)」은 「기(己)」·「음토(陰土)」를 극제(剋制)할 수 있으나 극제를 하지 않고 애정으로 연결되어 화합을 이루면서 토(土)로 변하고 「경(庚)」·「양금(陽金)」 또한 「을(乙)」·「음목(陰木)」을 극제(剋制)할 수 있으나, 극제를 하지 않고 애정으로 화합을 이루면서 금(金)으로 변한다. 여타의 간합(干合)도 이와 같이 성립이 되어 본래의 오행이 다른 오행으로 변하게 된다.

(2) 천간충(天干沖)

갑경 (甲庚)	을신 (乙辛)	병임 (丙壬)	정계 (丁癸)	무갑 (戊甲)	기을 (己乙)	경병 (庚丙)	신정 (辛丁)	임무 (壬戊)	계기 (癸己)

충(沖)은 글자 그대로 서로 충돌된다는 것을 뜻하며 아울러 재기(再起)·재출발의 역할도 내포하고 있다.

천간충(天干沖)은 천간에서 일곱번째 오행이 서로 상극 관계에 있음을 이르는데, 양(陽)은 양극(陽剋)관계에서 충(沖)이 되고, 음(陰)은 음극(陰剋)관계에서 충(沖)이 된다. 이는 파괴·파산(破産)·분리(分離)·사상(死傷)·비애(悲哀)·질병(疾病) 등 흉액(凶厄)을 암시하는 흉살(凶殺)이기는 하지만 격국(格局)의 구성(構成)에 따라 길신(吉神)이 되는 때도 있고 또한 흉액(凶厄)의 경중도 왕쇠(旺衰)에 따라 일정하지 않다. 대개 왕(旺)한 곳에 충하면 쇠(衰)해지고 쇠(衰)한 곳에 충하면 넘어지거나 다시 왕(旺)해지기도 한다. 그래서 「왕」을 원하는 데는 충을 꺼리고 「쇠」를 원하는 데는 충을 기뻐하기도 한다.

그래서 「희신(喜神)」을 충하면 흉하고, 「흉신(凶神)」을 충하면 역으로 길하게 되기도 한다.

(3) 합(合)·충(沖)·파(破)·해(害)·원진(元嗔)표

천간합 (天干合)	갑기(토) (甲己土)	을경(금) (乙庚金)	병신(수) (丙辛水)	정임(목) (丁壬木)	무계(화) (戊癸火)
삼합국 (三合局)	사유축 (금) (巳酉丑)(金)	해묘미 (목) (亥卯未)(木)	신자진 (수) (申子辰)(水)	인오술 (화) (寅午戌)(火)	
육합 (六合)	자축(토) (子丑土)	인해(목) (寅亥木)	묘술(화) (卯戌火)	진유(금) (辰酉金)	사신(수) (巳申水)	오미(화토) (午未火土)
삼형 (三刑)	축술미 (무은지형) (丑戌未)(無恩之刑)	인사신 (지세지형) (寅巳申)(持勢之刑)	자묘 (무례지형) (子卯)(無禮之刑)		
육형 (六刑)	인→사 (寅 巳)	사→신 (巳 申)	신→인 (申 寅)	축→술 (丑 戌)	술→미 (戌 未)	미→축 (未 丑)
자형 (自刑)	진진 (辰辰)	오오 (午午)	유유 (酉酉)	해해 (亥亥)	자묘 (子卯)	묘사 (卯巳)
파 (破)	자유 (子酉)	축진 (丑辰)	인해 (寅亥)	오묘 (午卯)	사신 (巳申)	술미 (戌未)
충 (沖)	자오 (子午)	축미 (丑未)	인신 (寅申)	묘유 (卯酉)	진술 (辰戌)	사해 (巳亥)
육해 (六害)	자미 (子未)	축오 (丑午)	인사 (寅巳)	묘진 (卯辰)	신해 (申亥)	유술 (酉戌)
원진 (元嗔)	자미 (子未)	축오 (丑午)	인유 (寅酉)	묘신 (卯申)	진해 (辰亥)	사술 (巳戌)

(4) 지지합(地支合)

합(合)이란 음양(陰陽)이 다른 천간(天干)과 지지(地支)가 동일한 기세로 결합이 되어 본래의 오행이 다른 오행으로 변하여 작용하는 것을 「합(合)」이라 한다.

「합」 가운데는 천간합(天干合)과 지지합(地支合)이 있는데, 지지합(地支合)에는 「음양」과 속성이 다른 지지가 상호 결합하는 삼합(三合)과 육합(六合)이 있다.

○ 삼합(三合)

인오술(寅午戌)	신자진(申子辰)	사유축(巳酉丑)	해묘미(亥卯未)
화국(火局)	수국(水局)	금국(金局)	목국(木局)

삼합(三合)은 각 지지(地支)가 분리되어 있을 때는 독자적인 개성이 지배를 하지만 「삼합」이나 「육합」을 이루면 동일한 국세를 형성하고 그 결합된 위력과 변화는 대단히 크게 작용을 하게 된다.

○ 육합(六合)

자축(子丑)	인해(寅亥)	묘술(卯戌)	진유(辰酉)	사신(巳申)	오미(午未)
토(土)	목(木)	화(火)	금(金)	수(水)	화토(火土)

천간에서 음과 양이 합을 이루듯이 지지에서도 음과 양이 합을 이룬다. 그의 작용은 길신이 합을 이루면 더욱 길하고 이와 달리 흉신이 결합하면 한층 더 흉해진다.

(5) 상충(相冲)과 상형(相刑)

○ 상충(相冲)

자오 (子午)	축미 (丑未)	인신 (寅申)	유묘 (酉卯)	진술 (辰戌)	사해 (巳亥)

지지(地支)의 상충(相冲)은 여러 살 가운데 그 영향력이 가장 크다고 본다. 자(子)가 오(午)를 「충」하고, 축(丑)은 미(未)를 「충」하며, 진(辰)은 술(戌)을 「충」한다.

○ 상형(相刑)

상형은 상충 다음으로 심한 작용을 하는 흉살(凶殺)로 본다.

상형(相刑)의 성립(成立)

인사신 (寅巳申)		지세지형 (持勢之刑)		인사 (寅巳)	사신 (巳申)	인신 (寅申)
축술미 (丑戌未)		무은지형 (無恩之刑)		축술 (丑戌)	술미 (戌未)	축미 (丑未)
자묘 (子卯)		무례지형 (無禮之刑)		자묘 (子卯)	묘자 (卯子)	
육형 (六刑)	인사 (寅巳)	사신 (巳申)	인신 (寅申)	축술 (丑戌)	술미 (戌未)	축미 (丑未)
자형 (子刑)	진진 (辰辰)	오오 (午午)	유유 (酉酉)	해해 (亥亥)		

(6) 상파(相破)

상파(相破)는 문자 그대로 파괴·분리·차단·변경· 이동 등의 작용을 암시하는 흉살(凶殺)이다.

상파(相破)의 성립(成立)

상파 (相破)	자유 (子酉)	축진 (丑辰)	인해 (寅亥)	오묘 (午卯)	사신 (巳申)	술미 (戌未)

보기 자(子)는 유(酉)를 파하고, 축(丑)은 진(辰)을 파한다.

(7) 상해(相害)

상해(相害)는 직접 충돌하는 것과는 달리 간접적인 피해를 유발하는 음성적인 작용을 하는 흉살(凶殺)이다.

상해(相害)의 성립(成立)

육해 (六害)	자미 (子未)	축오 (丑午)	인사 (寅巳)	신해 (申亥)	묘진 (卯辰)	유술 (酉戌)

보기 자(子)는 미(未)를 해하고, 축(丑)은 오(午)를 해한다.

(8) 원진(元嗔)

원진(元嗔)은 서로 보고 만나기를 싫어하며 불화·증

오·이별·고독 등을 암시한다.

원진(元嗔)의 성립(成立)

원진 (元嗔)	자미 (子未)	축오 (丑午)	인유 (寅酉)	묘신 (卯申)	진해 (辰亥)	사술 (巳戌)

보기 자(子)는 미(未)를 꺼리고, 축(丑)은 오(午)를 미워한다.

6. 지지(地支) 정월(定月)·정시(定時)법

(1) 정월법(定月法)

현행월	1월	2월	3월	4월	5월	6월
지지월	인(寅)	묘(卯)	진(辰)	사(巳)	오(午)	미(未)

현행월	7월	8월	9월	10월	11월	12월
지지월	신(申)	유(酉)	술(戌)	해(亥)	자(子)	축(丑)

(2) 정시법(定時法)

현행시	23:00~01:00	01:00~03:00	03:00~05:00	05:00~07:00	07:00~09:00	09:00~11:00
지지시	자(子)	축(丑)	인(寅)	묘(卯)	진(辰)	사(巳)

현행시	11:00~13:00	13:00~15:00	15:00~17:00	17:00~19:00	19:00~21:00	21:00~23:00
지지시	오(午)	미(未)	신(申)	유(酉)	술(戌)	해(亥)

(3) 월건(月建) 조견표(早見表)

월 연간	1월	2월	3월	4월	5월	6월	7월	8월	9월	10월	11월	12월
갑기년 (甲己年)	병인 (丙寅)	정묘 (丁卯)	무진 (戊辰)	기사 (己巳)	경오 (庚午)	신미 (辛未)	임신 (壬申)	계유 (癸酉)	갑술 (甲戌)	을해 (乙亥)	병자 (丙子)	정축 (丁丑)
을경년 (乙庚年)	무인 (戊寅)	기묘 (己卯)	경진 (庚辰)	신사 (辛巳)	임오 (壬午)	계미 (癸未)	갑신 (甲申)	을유 (乙酉)	병술 (丙戌)	정해 (丁亥)	무자 (戊子)	기축 (己丑)
병신년 (丙辛年)	경인 (庚寅)	신묘 (辛卯)	임진 (壬辰)	계사 (癸巳)	갑오 (甲午)	을미 (乙未)	병신 (丙申)	정유 (丁酉)	무술 (戊戌)	기해 (己亥)	경자 (庚子)	신축 (辛丑)
정임년 (丁壬年)	임인 (壬寅)	계묘 (癸卯)	갑진 (甲辰)	을사 (乙巳)	병오 (丙午)	정미 (丁未)	무신 (戊申)	기유 (己酉)	경술 (庚戌)	신해 (辛亥)	임자 (壬子)	계축 (癸丑)
무계년 (戊癸年)	갑인 (甲寅)	을묘 (乙卯)	병진 (丙辰)	정사 (丁巳)	무오 (戊午)	기미 (己未)	경신 (庚申)	신유 (辛酉)	임술 (壬戌)	계해 (癸亥)	갑자 (甲子)	을축 (乙丑)

　월건(月建)은 태세(太歲) 연간(年干)이 갑년(甲年)과 기년(己年)에는 1월 월건(月建)을 병인(丙寅)부터 시작하여 2월 정묘·3월 무진(戊辰)이 되고, 연간 태세(太歲) 연간(年干)이 을년(乙年)이나 경년(庚年)이면 1월 월건(月建)이 무인(戊寅)부터 시작하여 2월 기묘(己卯)·3월 경진(庚辰)이 되는데, 1월 월건(月建)을 정하여 60갑자(甲子) 순으로 짚어 나간다.

(4) 시건(時建)조견표(早見表))

시(時) \ 연간(年干)	자 (子)	축 (丑)	인 (寅)	묘 (卯)	진 (辰)	사 (巳)	오 (午)	미 (未)	신 (申)	유 (酉)	술 (戌)	해 (亥)
갑기일 (甲己日)	갑자 (甲子)	을축 (乙丑)	병인 (丙寅)	정묘 (丁卯)	무진 (戊辰)	기사 (己巳)	경오 (庚午)	신미 (辛未)	임신 (壬申)	계유 (癸酉)	갑술 (甲戌)	을해 (乙亥)
을경일 (乙庚日)	병자 (丙子)	정축 (丁丑)	무인 (戊寅)	기묘 (己卯)	경진 (庚辰)	신사 (辛巳)	임오 (壬午)	계미 (癸未)	갑신 (甲申)	을유 (乙酉)	병술 (丙戌)	정해 (丁亥)
병신일 (丙辛日)	무자 (戊子)	기축 (己丑)	경인 (庚寅)	신묘 (辛卯)	임진 (壬辰)	계사 (癸巳)	갑오 (甲午)	을미 (乙未)	병신 (丙申)	정유 (丁酉)	무술 (戊戌)	기해 (己亥)
정임일 (丁壬日)	경자 (庚子)	신축 (辛丑)	임인 (壬寅)	계묘 (癸卯)	갑진 (甲辰)	을사 (乙巳)	병오 (丙午)	정미 (丁未)	무신 (戊申)	기유 (己酉)	경술 (庚戌)	신해 (辛亥)
무계일 (戊癸日)	임자 (壬子)	계축 (癸丑)	갑인 (甲寅)	을묘 (乙卯)	병진 (丙辰)	정사 (丁巳)	무오 (戊午)	기미 (己未)	경신 (庚申)	신유 (辛酉)	임술 (壬戌)	계해 (癸亥)

　시(時)의 간지(干支)는 항상 일정하고 시건(時建)은 일간(日干)에 의해 정해져 있다.

　역리학(易理學)에서는 하루를 12시간으로 나누고 일천간(日天干)이 갑일(甲日)이나 기일(己日)인 때는 자시(子時)를 갑자(甲子)에서부터 시작하여 60갑자(甲子)순으로 짚어간다. 그래서 갑기(甲己)일은 「갑자시(甲子時)」, 병신(丙辛)일은 「병자시(丙子時)」, 정임(丁壬)일은 「경자시(庚子時)」, 무계(戊癸)일은 「임자시(壬子時)」에서 각각 시건(時建)이 시작된다.

7. 천간생왕(天干生旺) 12운성표(運星表)

천간 12운성	갑 (甲)	을 (乙)	병 (丙)	정 (丁)	무 (戊)	기 (己)	경 (庚)	신 (辛)	임 (壬)	계 (癸)
장생 (長生)	해 (亥)	오 (午)	인 (寅)	유 (酉)	인 (寅)	유 (酉)	사 (巳)	자 (子)	신 (申)	묘 (卯)
목욕 (沐浴)	자 (子)	사 (巳)	묘 (卯)	신 (申)	묘 (卯)	신 (申)	오 (午)	해 (亥)	유 (酉)	인 (寅)
관대 (冠帶)	축 (丑)	진 (辰)	진 (辰)	미 (未)	진 (辰)	미 (未)	미 (未)	술 (戌)	술 (戌)	축 (丑)
임관 (臨官)	인 (寅)	묘 (卯)	사 (巳)	오 (午)	사 (巳)	오 (午)	신 (申)	유 (酉)	해 (亥)	자 (子)
제왕 (帝旺)	묘 (卯)	인 (寅)	오 (午)	사 (巳)	오 (午)	사 (巳)	유 (酉)	신 (申)	자 (子)	해 (亥)
쇠 (衰)	진 (辰)	축 (丑)	미 (未)	진 (辰)	미 (未)	진 (辰)	술 (戌)	미 (未)	축 (丑)	술 (戌)
병 (病)	사 (巳)	자 (子)	신 (申)	묘 (卯)	신 (申)	묘 (卯)	해 (亥)	오 (午)	인 (寅)	유 (酉)
사 (死)	오 (午)	해 (亥)	유 (酉)	인 (寅)	유 (酉)	인 (寅)	자 (子)	사 (巳)	묘 (卯)	신 (申)
묘 (墓)	미 (未)	술 (戌)	술 (戌)	축 (丑)	술 (戌)	축 (丑)	축 (丑)	진 (辰)	진 (辰)	미 (未)
절 (絶)	신 (申)	유 (酉)	해 (亥)	자 (子)	해 (亥)	자 (子)	인 (寅)	묘 (卯)	사 (巳)	오 (午)
태 (胎)	유 (酉)	신 (申)	자 (子)	해 (亥)	자 (子)	해 (亥)	묘 (卯)	인 (寅)	오 (午)	사 (巳)
양 (養)	술 (戌)	미 (未)	축 (丑)	술 (戌)	축 (丑)	술 (戌)	진 (辰)	축 (丑)	미 (未)	진 (辰)

천지 자연의 정기와 음양 오행의 조화에 의해서 어떻게 생장(生長)하고 성멸(成滅)하는가 하는 그 과정을 측정해 보는 방법론으로써 이를 왕지(旺地)·평지(平地)·쇠지(衰地)로 크게 다음과 같이 분류를 한다.

○ 사왕지(四旺地)—「귀」(貴)(대길함)

제왕(帝旺)	임관(臨官)	관대(冠對)	장생(長生)

임관(臨官)을 일명 건록(建祿)이라고도 한다.

○ 사평지(四平地)—「평」(平)(평평·중간)

목욕(沐浴)	양(養)	쇠(衰)	병(病)

○ 사쇠지(四衰地)—「기」(忌)(꺼린다)

절(絶)	묘(墓)	사(死)	태(胎)

절(絶)을 일명 포(胞)라고도 하고 묘(墓)를 장(葬)이라 칭하기도 한다. 12운성

8. 지지(地支) 포태정국(胞胎定局)

12운성 12지(支)	포 (胞)	태 (胎)	양 (養)	생 (生)	욕 (浴)	대 (帶)	관 (官)	왕 (旺)	쇠 (衰)	병 (病)	사 (死)	묘 (墓)
사유축(금) (巳酉丑金)	인 (寅)	묘 (卯)	진 (辰)	사 (巳)	오 (午)	미 (未)	신 (申)	유 (酉)	술 (戌)	해 (亥)	자 (子)	축 (丑)
해묘미(목) (亥卯未木)	신 (申)	유 (酉)	술 (戌)	해 (亥)	자 (子)	축 (丑)	인 (寅)	묘 (卯)	진 (辰)	사 (巳)	오 (午)	미 (未)
신자진(수) (申子辰水)	사 (巳)	오 (午)	미 (未)	신 (申)	유 (酉)	술 (戌)	해 (亥)	자 (子)	축 (丑)	인 (寅)	묘 (卯)	진 (辰)
인오술(화) (寅午戌火)	해 (亥)	자 (子)	축 (丑)	인 (寅)	묘 (卯)	진 (辰)	사 (巳)	오 (午)	미 (未)	신 (申)	유 (酉)	술 (戌)

사(巳)·유(酉)·축(丑) 금국(金局)은 「포(胞)」를 인(寅)에서부터 시작하고 해(亥)·묘(卯)·미(未) 목국(木局)은 「포(胞)」를 신(申)에서 각각 시작하는데, 그의 작용력은 천간생왕(天干生旺) 12운성(運星)과 같이 본다.

(1) 12운성(運星) 해설

○ 포(胞): 대흉(大凶)

포(胞)는 일명 「절(絶)」이라고도 한다. 이는 만물이 무(無)에서 유(有)를 나타내는 형상이라 하겠다. 즉, 일생의 생사를 일주하여 끝마치고 다음 세대가 이어지는 최초의 태식(胎息)을 갖게 되는 순간과 흡사하다고 본다.

● 태(胎): 중길(中吉)

태(胎)는 사람이 처음으로 부모의 정기를 받아 모체에서 한 생명이 이어짐과 같다. 즉, 땅 속에서 씨앗에 눈이 생기는 과정과 흡사하다고 보면 된다.

● 양(養): 중길(中吉)

양(養)은 어머니의 태(胎) 속에서 영양을 섭취하고 자라는 아기의 생기 있는 형상이라 안정과 보호 속에서 점점 커가는 성장 과정과 흡사하여 외부적인 간섭을 받음이 없이 매사에 설계한 계획대로 추진되는 상태라 하겠다.

● 장생(長生): 대길(大吉)

장생(長生)은 만물이 시생(始生)함을 뜻하는 것으로써 번영과 발전을 암시하는 최고의 길신(吉神)이다. 이는 사람이 어머니의 뱃속에서 처음으로 태어남과 같은 기쁨의 시기가 되어 점진적으로 행복하게 된다.

● 목욕(沐浴): 중흉(中凶)

목욕(沐浴)은 사람이 세상에 태어나서 처음으로 목욕을 하는 형상과 흡사하여 추워하고 숨막히는 고통과 어려움이 함께 따르는 희비(喜悲)의 굴곡이 수반되어 흉하다.

● 관대(冠帶): 대길(大吉)

관대(冠帶)는 학업을 마치고 공직에 취업하여 사회에 첫 출발하는 형상이라 표현할 수 있다. 이리하여 성년의 대접을 받고 책임과 의무가 막중해지는 분망기라 본다.

● 임관(臨官): 대길(大吉)

임관(臨官)은 건록(建祿)이라고도 하며 이는 완전하게 성숙된 30~40대 초기의 인생으로 본다. 남의 지배와 간섭을 거부하고 자신있게 독립하는 과정이므로 모름지기 자수 성가하여 대성 발전하는 대길한 형상이다.

● 제왕(帝旺): 중길(中吉)

제왕(帝旺)이란 최고의 강왕함을 뜻하는데, 이는 그 기세가 극히 왕성함을 나타낸다. 만물은 극성하여 그 결실을 성숙시키고 사람에게는 권위가 최고 절정에 이른 전성의 시기라 할 수 있다.

● 쇠(衰): 대흉(大凶)

쇠(衰)는 그 왕성하던 만물이 점차 쇠퇴함을 뜻한다. 이는 기력이 쇠퇴하고 의욕과 용기도 저하되어 혼자서 무거운 짐을 감당할 수 없게 되는 형상이라 불길하다.

● 병(病): 중흉(中凶)

병(病)은 만물이 늙어서 시들고 원기가 쇠퇴하면서 병에 걸리는 것과 같은 형상이라 하겠다. 이는 무성하던

나무도 가을이 되면 단풍이 되어 떨어지고 앙상한 가지
처럼 죽음을 기다리는 것과 다를바 없다.

● 사(死): 대흉(大凶)

사(死)는 만물이 병든 후 수명이 다하여 죽음에 이르
게 되는 형상이라 이는 흡사 오곡 백과(五穀百果)가 다
익어 모체에서 분리되는 시기와 같은 매우 정적인 상태
라 할 수 있다.

● 묘(墓): 대흉(大凶)

묘(墓)는 만물이 창고에 저장되고 현금이 은행에 예금
되는 것과 같다. 일명 장(葬)이라고도 하는데, 이는 하루
의 일과를 마치고 돌아와 휴식을 취하고 잠자리에 드는
것과 같은 가장 정적인 상태라 불길하다.

제2장 각종신살(各種神殺)

1. 12신살(神殺) 조견표

12살(殺) / 12지(支)	겁살(劫殺)	재살(災殺)	천살(天殺)	지살(地殺)	연살(年殺)	월살(月殺)	망신살(亡身殺)	장성살(將星殺)	반안살(攀鞍殺)	역마살(驛馬殺)	육해살(六害殺)	화개살(華蓋殺)
사유축(巳酉丑)	인(寅)	묘(卯)	진(辰)	사(巳)	오(午)	미(未)	신(申)	유(酉)	술(戌)	해(亥)	자(子)	축(丑)
해묘미(亥卯未)	신(申)	유(酉)	술(戌)	해(亥)	자(子)	축(丑)	인(寅)	묘(卯)	진(辰)	사(巳)	오(午)	미(未)
신자진(申子辰)	사(巳)	오(午)	미(未)	신(申)	유(酉)	술(戌)	해(亥)	자(子)	축(丑)	인(寅)	묘(卯)	진(辰)
인오술(寅午戌)	해(亥)	자(子)	축(丑)	인(寅)	묘(卯)	진(辰)	사(巳)	오(午)	미(未)	신(申)	유(酉)	술(戌)

(1) 겁살(劫殺)

「겁살」은 삼합오행(三合五行)의 절지(絶地)에 해당된다. 이는 본의아니게 외부로부터 강탈과 겁탈을 당한다는 뜻을 지니고 있어 그의 작용력도 이와 비슷하게 각종 재화(災禍)가 백출(百出)된다고 본다.

(2) 재살(災殺)

「재살」은 자(子)·오(午)·묘(卯)·유(酉) 사정지(四正地)에 해당되며 삼합오행의 태지(胎地)가 된다. 이는 상충작용(相冲作用)으로 주장대 주장의 싸움과 같은 것으로서 그 투쟁은 매우 치열하여 일명 백호살(白虎殺)이라고도 한다.

(3) 천살(天殺)

「천살」은 삼합오행의 양지(養地)에 해당된다. 이는 불의의 천재 지변을 당한다는 살로서 한재(旱災)·수재(水災)·낙뢰(落雷) 등의 재난을 뜻하나 그의 작용력은 매우 미약한 것으로 본다.

(4) 지살(地殺)

「지살」은 아기가 태어나서 처음으로 걸음마를 배우는 형상과 흡사하여 많은 활동이 따른다고 한다. 이는 이사·변동·전업·여행·가정 변동 등이 발생하기가 쉽다.

(5) 연살(年殺)

「연살」은 화려한 색깔에 민감하고 예민하며 아름다움을 좋아하고 남녀 다같이 성욕(性慾)·쾌락 등을 바탕으로 동거 생활을 하는데 남녀간 색정(色情) 문제로 함정에 빠지기가 쉽다.

(6) 월살(月殺)

「월살」은 정기(精氣)를 저장해 둔 창고를 파괴하여 자원(資源)·자본(資本) 등을 없애 버리는 작용을 나타내는데 각종 기능마비·사업부진·자금고갈·소송사건 등이 발생한다.

(7) 망신살(亡身殺)

「망신살」은 내부에서 그 작용이 일어난다고 한다. 이는 육친간에 생사이별·실물(失物)·도난·사업실패·사기·재물손실 등의 작용을 암시하고 또한 신약하여 질병을 유발하기도 한다.

(8) 장성살(將星殺)

「장성살」은 삼합궁(三合宮)의 왕지(旺地)에 해당되는데, 이는 살이 아니고 길신(吉神)이다. 용맹심이 왕성하여 과감성을 지니고 무슨 일에든 매우 진취적이다. 인내와 끈기로 만난을 극복하고 제반 업무를 성공적으로 이끄는 실권자를 의미한다.

(9) 반안살(攀鞍殺)

「반안살」은 살이 아니고 길신(吉神)이다. 사업가는 수익이 늘어나고 월급자는 승진하며 학생은 진학길이 열리고 일반인은 집안이 평안하다. 운세로 볼 때 즐겁게 해

주는 길신(吉神)에 해당된다.

(10) 역마살(驛馬殺)

「역마살」은 삼합궁(三合宮)의 병지(病地)에 해당되며 일명 이동살이라고도 한다. 이는 원행(遠行)·출행(出行)·이사·이동 등의 일이 발생하기가 쉽다고 하여 이삿날로 쓰기도 한다.

(11) 육해살(六害殺)

「육해살」이란 여섯 가지의 어려움과 해로움을 뜻하는데 이는 질병으로 고생을 하거나 아니면 제반사 하는 일이 어려움에 부딪치게 되고, 또한 관액(官厄)이나 급성 질환 등이 발생하기가 쉽다.

(12) 화개(華蓋)

「화개살」도 길신(吉神)에 속한다. 이는 물건을 겨울 동안 창고에 저장하였다가 봄에 다시 꺼내어 쓰는 것과 같은 뜻을 지니고 있다. 또 이와달리 일확 천금을 노리다가 수령에 빠지는 수도 있고, 문화·예술·신앙 등의 일이 발생하기도 한다.

2. 천간중심(天干中心)의 신살(神殺)

천간 신살	갑 (甲)	을 (乙)	병 (丙)	정 (丁)	무 (戊)	기 (己)	경 (庚)	신 (辛)	임 (壬)	계 (癸)
천을귀인 (天乙貴人)	축미 (丑未)	자신 (子申)	유해 (酉亥)	유해 (酉亥)	축미 (丑未)	자신 (子申)	축미 (丑未)	인오 (寅午)	묘사 (卯巳)	묘사 (卯巳)
정록 (正祿)	인 (寅)	묘 (卯)	사 (巳)	오 (午)	사 (巳)	오 (午)	신 (申)	유 (酉)	해 (亥)	자 (子)
정재 (正財)	기 (己)	무 (戊)	신 (辛)	경 (庚)	계 (癸)	임 (壬)	을 (乙)	갑 (甲)	정 (丁)	병 (丙)
정관 (正官)	신 (辛)	경 (庚)	계 (癸)	임 (壬)	을 (乙)	갑 (甲)	정 (丁)	병 (丙)	기 (己)	무 (戊)
칠살 (七殺)	경 (庚)	신 (辛)	임 (壬)	계 (癸)	갑 (甲)	을 (乙)	병 (丙)	정 (丁)	무 (戊)	기 (己)
식신 (食神)	병 (丙)	정 (丁)	무 (戊)	기 (己)	경 (庚)	신 (辛)	임 (壬)	계 (癸)	갑 (甲)	을 (乙)
양인 (羊刃)	묘 (卯)	진 (辰)	오 (午)	미 (未)	오 (午)	미 (未)	유 (酉)	술 (戌)	자 (子)	축 (丑)

(1) 천을귀인(天乙貴人)

천을귀인은 천상(天上)의 길신(吉神)으로서 백 가지 재앙을 물리치는 최상의 길신으로 친다. 그리하여 일상의 각종 행사에 널리 적용되어 많이 활용하고 있다.

(2) 정록(正祿)

정록은 12운성(運星)의 건록(建祿)이다. 천관과 음양오행이 동일하고 천간의 뿌리가 되어 건록(建祿)이라 이르기도 한다. 이 정록은 관(官)이 임(臨)한다 하여 임관(臨官)이라고도 하는데, 이는 부귀와 번영·건강 등을 암시하는 길신(吉神)이다.

(3) 정재(正財)

정재는 내가 극제하는 오행 가운데 음양이 서로 다른 것을 이르며, 이는 정당한 방법과 노력으로 성실하게 얻어진 재물을 암시하는 길신이다.

(4) 정관(正官)

정관은 질서와 예의 법규를 존중하고 명예를 소중히 여기며 권위를 얻는 공직생활에 임한다는 길신이다.

(5) 칠살(七殺)

칠살은 고통과 질병·파산·비난·박해 등 흉액을 내포한다는 최악의 흉신이다.

(6) 식신(食神)

식신은 본신(本神)의 기를 설기(泄氣)하는 것이 되지만 의·식·주 생활에 필요한 물질·재산 등을 생성해

주는 길신(吉申)이다.

(7) 양인(羊刃)

양인은 권력을 잡고 형을 주제하는 형상이라 대인・군자에게는 권위가 되어 좋으나 소인에게는 흉살(凶殺)이 되어 자신을 상하지 않으면 타인을 살상하게 되어 형액(刑厄)으로 친다.

3. 월지 중심(月支中心)의 신살(神殺)

(1) 천·월덕(天月德)

월별	인 (1월)	묘 (2월)	진 (3월)	사 (4월)	오 (5월)	미 (6월)	신 (7월)	유 (8월)	술 (9월)	해 (10월)	자 (11월)	축 (12월)
천덕 (天德)	정 (丁)	신 (申)	임 (壬)	신 (辛)	해 (亥)	갑 (甲)	계 (癸)	인 (寅)	병 (丙)	을 (乙)	사 (巳)	경 (庚)
월덕 (月德)	병 (丙)	갑 (甲)	임 (壬)	경 (庚)	병 (丙)	갑 (甲)	임 (壬)	경 (庚)	병 (丙)	갑 (甲)	임 (壬)	경 (庚)

천덕은 백사가 형통하고 월덕에는 만복이 이른다는 길성이다. 또한 이 천·월덕은 각종 중살(重殺)을 산해(散解)하고 백 가지 재액이 침범하지 못한다해서 결혼·이사·건축·상량(上樑) 등 각종 경조사의 택일에 많이 활용되고 있다.

(2) 천월덕합(天月德合)

월별	인 (1월)	묘 (2월)	진 (3월)	사 (4월)	오 (5월)	미 (6월)	신 (7월)	유 (8월)	술 (9월)	해 (10월)	자 (11월)	축 (12월)
천덕합 (天德合)	임 (壬)	사 (巳)	정 (丁)	병 (丙)	인 (寅)	기 (己)	무 (戊)	해 (亥)	신 (辛)	경 (庚)	신 (申)	을 (乙)
월덕합 (月德合)	신 (辛)	기 (己)	정 (丁)	을 (乙)	신 (辛)	기 (己)	정 (丁)	을 (乙)	신 (辛)	기 (己)	정 (丁)	을 (乙)

천·월 덕합일은 제살을 산해하는 길성으로서 그 작용
력은 천·월덕일과 비슷하여 같이 통용되고 있다.

4. 삼재(三災)

생년	신·자·진 (申 子 辰)	인·오·술 (寅 午 戌)	해·묘·미 (亥 卯 未)	사·유·축 (巳 酉 丑)
삼재해	인·묘·진 (寅 卯 辰)	신·유·술 (申 酉 戌)	사·오·미 (巳 午 未)	해·자·축 (亥 子 丑)

삼재는 매 12년마다 한 번씩 돌아오는 흉신으로서 3년
간 머물다가 해제된다. 이는 1년중 동절과 같이 만물의
성장과 활동이 위축·정지된 상태에 이르는 시기와 같
다. 위의 표에서 보는 바와 같이 「신(申)·자(子)·진
(辰)」년 생은 「인(寅)」년에 들어와서 「묘(卯)」년에 잠재
해 있다가 「진(辰)」년에 나간다 하여 흔히들 들삼재, 놀
삼재, 날삼재라 이른다.

삼재운에 이르면 각종 재해·질병 등이 발생하고 또한
삼재가 드는 해에 사람이 들거나, 삼재가 나가는 해에
사람이 나가면 모두 좋아도 이와 달리 드는 해에 나가거
나 나는 해에 들면 모두 흉한 것으로 보고 있다.

5. 기타 길신일(其他吉神日)

(1) 천상천하(天上天下) 대공망일(大空亡日)

을축 (乙丑)	갑술 (甲戌)	을해 (乙亥)	계미 (癸未)	갑신 (甲申)	을유 (乙酉)	임진 (壬辰)	계사 (癸巳)	갑오 (甲午)	임인 (壬寅)	계묘 (癸卯)	임자 (壬子)

위의 일진 대공망일은 모든 신이 공망에 드는 날이 되어 동토(動土), 파옥(破屋), 안장(安葬) 등에는 좋은 날이 되어도 개업(開業), 매매, 기복(祈福) 등에는 꺼린다.

(2) 천은상길일(天恩上吉日)

갑자 (甲子)	을축 (乙丑)	병인 (丙寅)	정묘 (丁卯)	무진 (戊辰)	기묘 (己卯)	경진 (庚辰)	신사 (辛巳)	임오 (壬午)
계미 (癸未)	기유 (己酉)	경술 (庚戌)	신해 (辛亥)	임자 (壬子)	계축 (癸丑)			

위의 일진일에는 가옥을 수리하거나 공직의 부임 또는 결혼이나 약혼 등 제반 길사에 널리 통용되는 좋은 날이다.

(3) 대명상길일(大明上吉日)

신미 (辛未)	임신 (壬申)	계유 (癸酉)	정축 (丁丑)	기묘 (己卯)	임오 (壬午)	갑신 (甲申)	정해 (丁亥)	임진 (壬辰)
을미 (乙未)	임인 (壬寅)	갑진 (甲辰)	을사 (乙巳)	병오 (丙午)	기유 (己酉)	경술 (庚戌)	신해 (辛亥)	

위의 일진일은 제반 행사에 모두 통용되는 좋은 날이다. 특히 혼인을 하거나 건축·수리·안장(安葬) 등에 더욱 좋다고 한다.

(4) 천사상길일(天赦上吉日)

봄(春)	여름(夏)	가을(秋)	겨울(冬)
무인일(戊寅日)	갑오일(甲午日)	무신일(戊申日)	갑자일(甲子日)

이 날은 결혼을 하거나 건물을 신축 또는 수축하는 등 제반 행사에 널리 통용되는 좋은 날이다.

(5) 모창상길일(母倉上吉日)

봄(春)	여름(夏)	가을(秋)	겨울(冬)
해자일(亥子日)	인묘일(寅卯日)	진술축미일(辰戌丑未日)	신유일(申酉日)

모창 상길일은 모든 행사에 대체로 좋으나 특히 건축
·혼인 등에 더욱 좋다고 한다.

앞에서 설명한 천은(天恩)·대명(大明)·천사(天赦)·
모창(母倉) 등 상길일(上吉日)을 총칭하여 사대길일(四
大吉日)이라 하는데, 이는 평소 일상 행사에서 많이 통
용되는 좋은 날이다.

(6) 천롱일(千聾日)

병인 (丙寅)	무진 (戊辰)	병자 (丙子)	병신 (丙申)	경자 (庚子)	임자 (壬子)	병진 (丙辰)

천롱일은 제반사에 두루 무방하며 특히 가옥을 신축하
거나 증축하는데 쓰면 좋다고 한다.

(7) 지아일(地啞日)

을축 (乙丑)	정묘 (丁卯)	기묘 (己卯)	신사 (辛巳)	을미 (乙未)	기해 (己亥)	신축 (辛丑)	신해 (辛亥)	계축 (癸丑)	신유 (辛酉)

천롱일과 같이 통용되는 좋은 날이다.

(8) 오공일(五空日)

무술(戊戌)일 오시(午時)와 기해(己亥)·경자(庚子)·신축(辛丑)일

이 날은 지상의 모든 흉신(凶神)이 상천(上天)하여 백

사에 널리 통용되는 좋은 날이다. 특히 다른 길신(吉神)
과 합국(合局)하여 사용하면 더욱 대길하다고 한다.

(9) 천지개공일(天地皆空日)

무술(戊戌)	기해(己亥)	경자(庚子)	경신(庚申)

　천상천하(天上天下)·대공망일(大空亡日)과　동일하게
본다.

6. 기타 흉신일(其他凶神日)

(1) 사시흉신(四時凶神)

사시(四時)＼흉신(凶神)	봄(春)	여름(夏)	가을(秋)	겨울(冬)	비 고
사 패 (四 廢)	경신: 신유 (庚申: 辛酉)	임자: 계해 (壬子: 癸亥)	갑인: 을묘 (甲寅: 乙卯)	병오: 정사 (丙午: 丁巳)	새로 집을 짓거나 신축을 하지 않고 묘도 쓰지 않으며 특히 혼인은 꺼린다.
사 리 (四 離)	춘분전일 (春分前日)	하지전일 (夏至前日)	추분전일 (秋分前日)	동지전일 (冬至前日)	
사 절 (四 絶)	입춘전일 (立春前日)	입하전일 (立夏前日)	입추전일 (立秋前日)	입동전일 (立冬前日)	
태허일 (太虛日)	술: 해: 자 (戌: 亥: 子)	축: 인: 묘 (丑: 寅: 卯)	진: 사: 오 (辰: 巳: 午)	미: 신: 유 (未: 申: 酉)	
일봉살 (釰鋒殺)	유 (酉)	자 (子)	묘 (卯)	오 (午)	원행(遠行)과 장사(葬事)에 꺼리고 동토 (動土)와 장사(葬事)를 하지 않는다.
천지전살 (天地轉殺)	묘 (卯)	오 (午)	유 (酉)	자 (子)	

위의 날은 사계절의 흉신일이 되어 제반 행사에 모두
꺼리는 흉일이다.

(2) 십악대패일(十惡大敗日)

갑기년 (甲己年)	3월 무술일 (戊戌日)	7월 계해일 (癸亥日)	10월 병신일 (丙申日)	11월 정해일 (丁亥日)
을경년 (乙庚年)	4월 임신일 (壬申日)	9월 을사일 (乙巳日)		
병신년 (丙辛年)	3월 신사일 (辛巳日)	9월 경진일 (庚辰日)		
무계년 (戊癸年)	6월 축일 (丑日)			
정임년 (丁壬年)	없음			

이 십악대패일은 제반 행사에 모두 꺼리는 흉신(凶神)일이다.

(3) 칠살일(七殺日)

각숙 (角宿)	항숙 (亢宿)	우숙 (牛宿)	규숙 (奎宿)	루숙 (婁宿)	귀숙 (鬼宿)	성숙 (星宿)

칠살일은 혼인·건축·행선(行船)·출전(出戰) 등에 모두 불리한 흉일이다.

(4) 복단일(伏斷日)

자일 (子日)	축일 (丑日)	인일 (寅日)	묘일 (卯日)	진일 (辰日)	사일 (巳日)	오일 (午日)	미일 (未日)	신일 (申日)	유일 (酉日)	술일 (戌日)	해일 (亥日)
허 (虛)	두 (斗)	실 (室)	여 (女)	기 (箕)	방 (房)	각 (角)	장 (張)	귀 (鬼)	자 (觜)	위 (胃)	벽 (壁)

혼인·이사·기복(祈福)·행선(行船) 등에 모두 꺼리는 불길한 날이다.

(5) 태허일(太虛日)

봄(春)	여름(夏)	가을(秋)	겨울(冬)
술·해·자일 (戌亥子日)	축·인·묘일 (丑寅卯日)	진·사·오일 (辰巳午日)	미·신·유일 (未申酉日)

복단일과 같이 제반 행사에 모두 꺼리는 흉일로 친다.

(6) 기왕망일(氣往亡日)

입춘후(立 春後) 7일	경칩후(驚 蟄後)14일	청명후(淸 明後)21일	입하후(立 夏後) 8일	망종후(芒 種後)16일	소서후(小 暑後)24일
입추후(立 秋後) 9일	백로후(白 露後)18일	한로후(寒 露後)27일	입동후(立 冬後)10일	대설후(大 雪後)20일	소한후(小 寒後)30일

이 기왕망일은 원행(遠行)·이사(移徙)·행선(行船) 등에 모두 불리한 것으로 본다.

(7) 백기일(百忌日)

갑불개창 (甲不開倉)	갑(甲)일에는 창고문을 개방하지 않고 곡식 같은 것을 출납하지 않는다.
을불재식 (乙不栽植)	을(乙)일에는 씨앗을 심거나 모든 초목을 지배하지 않는다.
병불수조 (丙不修竈)	병(丙)일에는 부엌이나 아궁이를 만들거나 고치지 않는다.
정불체두 (丁不剃頭)	정(丁)일에는 머리를 자르거나 이·미용(理美容)행위를 하지 않는다.
무불수전 (戊不受田)	무(戊)일에는 논·밭 또는 각종 토지를 매입하거나 상속받지 않는다.
기불파권 (己不破券)	기(己)일에는 모든 문서나 책자를 파손하거나 계약 또는 해약을 하지 않는다.
경불경락 (庚不經絡)	경(庚)일에는 침이나 주사를 맞지 않으며, 또한 뜸질이나 수술도 받지 않는다.
신불합장 (辛不合醬)	신(辛)일에는 장을 달이거나 담그지 않는다.
임불결수 (壬不決水)	임(壬)일에는 물 길을 돌리거나 막지 않는다.
계불사송 (癸不詞訟)	계(癸)일에는 고소장을 제출하거나 기타의 시비를 논하지 않는다.
자불문복 (子不問卜)	자(子)일에는 점(占)을 묻지 않는다.

축불관대 (丑不冠帶)	축(丑)일에는 약혼식을 올리지 않는다.
인불제사 (寅不祭祀)	인(寅)일에는 고사(告祀)나 기타 기복(祈福) 행위를 하지 않는다.
묘불천정 (卯不穿井)	묘(卯)일에는 샘(泉)이나 연못·구덩이 같은 것을 파지 않는다.
진불곡읍 (辰不哭泣)	진(辰)일에는 상주(喪主)도 곡성(哭聲)을 내지 않는다.
사불원행 (巳不遠行)	사(巳)일에는 먼 곳으로 여행을 하지 않는다.
오불개옥 (午不蓋屋)	오(午)일에는 지붕을 덮거나 수리를 하지 않는다.
미불복약 (未不服藥)	미(未)일에는 약을 먹지도 않고 만들거나 달이지도 않는다.
신불안상 (申不安床)	신(申)일에는 침상을 만들거나 집안에 들이지도 않는다.
유불회객 (酉不會客)	유(酉)일에는 손님을 청하거나 각종 회합을 갖지 않는다.
술불걸구 (戌不乞拘)	술(戌)일에는 개를 집안에 얻어 들이거나 사들이지 않는다.
해일가취 (亥日嫁娶)	해(亥)일에는 남녀가 다같이 혼인을 하지 않는다.

제3장 택일문(擇日門)

1. 생기법(生氣法)

사람은 누구나 큰 행사를 치루는 과정에서 먼저 택일
부터 하게 된다. 이 때 어떠한 택일을 막론하고 먼저 생
기법(生氣法)에서 본신(本身)의 생기(生氣)에 맞추어 길
일(吉日)이나 평일(平日)을 가리고 흉일(凶日)을 피한
뒤 택일하는 목적의 길흉을 다음 각 길흉신(吉凶神) 정
국표(定局表)에서 잘 선별하여 택일을 한다.

(1) 남녀 생기 길흉표 (男女生氣吉凶表)

남녀연령 (男女年齡)											생기 (生氣)	천의 (天醫)	절체 (絶体)	유혼 (遊魂)	화해 (禍害)	복덕 (福德)	절명 (絶命)	귀혼 (歸魂)
남자	1	8	16	24	32	40	48	56	64	72	묘(卯)	유(酉)	자(子)	미신(未申)	축인(丑寅)	진사(辰巳)	술해(戌亥)	오(午)
	·	9	17	25	33	41	49	57	65	73	축인(丑寅)	진사(辰巳)	술해(戌亥)	오(午)	묘(卯)	유(酉)	자(子)	미신(未申)
	2	10	18	26	34	42	50	58	66	74	술해(戌亥)	오(午)	축인(丑寅)	진사(辰巳)	자(子)	미신(未申)	묘(卯)	유(酉)
	3	11	19	27	35	43	51	59	67	75	유(酉)	묘(卯)	미신(未申)	자(子)	진사(辰巳)	축인(丑寅)	오(午)	술해(戌亥)
	4	12	20	28	36	44	52	60	68	76	진사(辰巳)	축인(丑寅)	오(午)	술해(戌亥)	유(酉)	묘(卯)	미신(未申)	자(子)
	5	13	21	29	37	45	53	61	69	77	미신(未申)	자(子)	유(酉)	묘(卯)	오(午)	술해(戌亥)	진사(辰巳)	축인(丑寅)
	6	14	22	30	38	46	54	62	70	78	오(午)	술해(戌亥)	진사(辰巳)	축인(丑寅)	미신(未申)	자(子)	유(酉)	묘(卯)
	7	15	23	31	39	47	55	63	71	79	자(子)	미신(未申)	묘(卯)	유(酉)	술해(戌亥)	오(午)	축인(丑寅)	진사(辰巳)
여자	1	8	16	24	32	40	48	56	64	72	진사(辰巳)	축인(丑寅)	오(午)	술해(戌亥)	유(酉)	묘(卯)	미신(未申)	자(子)
	2	9	17	25	33	41	49	57	65	73	유(酉)	묘(卯)	미신(未申)	자(子)	진사(辰巳)	축인(丑寅)	오(午)	술해(戌亥)
	3	10	18	26	34	42	50	58	66	74	술해(戌亥)	오(午)	축인(丑寅)	진사(辰巳)	자(子)	미신(未申)	묘(卯)	유(酉)
	4	11	19	27	35	43	51	59	67	75	축인(丑寅)	진사(辰巳)	술해(戌亥)	오(午)	묘(卯)	유(酉)	자(子)	미신(未申)
	5	12	20	28	36	44	52	60	68	76	묘(卯)	유(酉)	자(子)	미신(未申)	축인(丑寅)	진사(辰巳)	술해(戌亥)	오(午)
	6	13	21	29	37	45	53	61	69	77	자(子)	미신(未申)	묘(卯)	유(酉)	술해(戌亥)	오(午)	축인(丑寅)	진사(辰巳)
	7	14	22	30	38	46	54	62	70	78	오(午)	술해(戌亥)	진사(辰巳)	축인(丑寅)	미신(未申)	자(子)	유(酉)	묘(卯)
	·	15	23	31	39	47	55	63	71	79	미신(未申)	자(子)	유(酉)	묘(卯)	오(午)	술해(戌亥)	진사(辰巳)	축인(丑寅)

보는 법

남자 20세의 생기일진(生氣日辰)은 「진사(辰巳)」이고, 복덕일진(福德日辰)은 「묘(卯)」이며, 여자 20세의 생기일진은 「묘(卯)」이고, 복덕일진은 「진사(辰巳)」이다. 이때 생기(生氣)·복덕(福德)·천의(天醫)에 해당되는 일진일은 대길하고 절체(絶体)·유혼(遊魂)·귀혼(歸魂)일에 해당되면 그런대로 행사에 쓸 수 있으나 화해(禍害)·절명(絶命)일에 해당되면 꺼리는 날이 되어 쓰지 않는 것이 좋다. 책력(冊曆)·대한민력(大韓民曆) 행사일 난을 살펴보면 의(宜)·이사(移徙)·출행(出行)·약혼식(約婚式)·혼인(婚姻)·회의(會議)·복약(服藥) 등 여러 행사가 명시되어 있으나 이는 오직 그 달의 일진에 따른 길일이므로 남녀 생기법에 따라 본신(本身)과 부합되지 않을 경우도 있으니 먼저 본신의 생기(生氣)에 맞추어 보고 적합 여부를 가린다음 택일을 해야 한다.

2. 각신정국(各神定局)

(1) 세간길신(歲干吉神)

세간 (歲干) 길신 (吉神)	갑 (甲)	을 (乙)	병 (丙)	정 (丁)	무 (戊)	기 (己)	경 (庚)	신 (辛)	임 (壬)	계 (癸)
세덕 (歲德)	갑 (甲)	경 (庚)	병 (丙)	임 (壬)	무 (戊)	갑 (甲)	경 (庚)	병 (丙)	임 (壬)	무 (戊)
세덕합 (歲德合)	기 (己)	을 (乙)	신 (申)	정 (丁)	계 (癸)	기 (己)	을 (乙)	신 (辛)	정 (丁)	계 (癸)
복성귀인 (福星貴人)	인 (寅)	축 (丑)	자 (子)	유 (酉)	신 (申)	미 (未)	오 (午)	사 (巳)	진 (辰)	묘 (卯)
문창귀인 (文昌貴人)	사 (巳)	오 (午)	신 (申)	유 (酉)	신 (申)	유 (酉)	해 (亥)	자 (子)	인 (寅)	묘 (卯)
문곡귀인 (文曲貴人)	사해 (巳亥)	자오 (子午)	인신 (寅申)	묘유 (卯酉)	인신 (寅申)	묘유 (卯酉)	사해 (巳亥)	술진 (戌辰)	인신 (寅申)	묘유 (卯酉)
천관귀인 (天官貴人)	미 (未)	진 (辰)	사 (巳)	인 (寅)	묘 (卯)	유 (酉)	해 (亥)	신 (申)	오 (午)	술 (戌)
태극귀인 (太極貴人)	자 (子)	오 (午)	유 (酉)	묘 (卯)	사 (巳)	오 (午)	인 (寅)	해 (亥)	사 (巳)	신 (申)
양귀인 (陽貴人)	미 (未)	신 (申)	유 (酉)	해 (亥)	축 (丑)	자 (子)	축 (丑)	인 (寅)	묘 (卯)	사 (巳)
음귀인 (陰貴人)	축 (丑)	자 (子)	해 (亥)	유 (酉)	미 (未)	신 (申)	미 (未)	오 (午)	사 (巳)	묘 (卯)

보기: 세간(歲干)이란 당해년의 태세(太歲) 연간(年干)을 뜻한다. 을해(乙亥)년의 경우 일천간(日天干)에 「경(庚)」이 들면 세덕(歲德)이 되고, 「을(乙)」이 되면 세덕합(歲德合)이 된다. 세덕(歲德)일은 혼인 및 백사에 통용되는 좋은 날이다. 세덕합(歲德合)일은 집을 지을 때나 장사(葬事)·이장(移葬) 등에 통용되는 길일이며, 복성귀인(福星貴人)일은 복분(福分)이 두터운 좋은 날이라 하여 이사(移徙)·취임(就任) 등에 통용된다. 간혹 일간(日干)을 기준하기도 한다.

문창귀인(文昌貴人)과 문곡귀인(文曲貴人)은 다같이 부귀하고 문장이 빛나는 길일이며 천관귀인(天官貴人) 및 태극귀인(太極貴人)은 부귀쌍전(富貴雙全)하는 가장 좋은 날로 친다.

(2) 세지길신(歲支吉神)

세지(歲支) 길신(吉神)	자 (子)	축 (丑)	인 (寅)	묘 (卯)	진 (辰)	사 (巳)	오 (午)	미 (未)	신 (申)	유 (酉)	술 (戌)	해 (亥)
세천덕 (歲天德)	손 (巽)	경 (庚)	정 (丁)	곤 (坤)	임 (壬)	신 (辛)	건 (乾)	갑 (甲)	계 (癸)	간 (艮)	병 (丙)	을 (乙)
천덕합 (天德合)	신 (申)	을 (乙)	임 (壬)	사 (巳)	정 (丁)	병 (丙)	인 (寅)	기 (己)	무 (戊)	해 (亥)	신 (辛)	경 (庚)
세월덕 (歲月德)	임 (壬)	경 (庚)	병 (丙)	갑 (甲)	임 (壬)	경 (庚)	병 (丙)	갑 (甲)	임 (壬)	경 (庚)	병 (丙)	갑 (甲)
월덕합 (月德合)	정 (丁)	을 (乙)	신 (辛)	기 (己)	정 (丁)	을 (乙)	신 (辛)	기 (己)	정 (丁)	을 (乙)	신 (辛)	기 (己)
역마 (驛馬)	인 (寅)	해 (亥)	신 (申)	사 (巳)	인 (寅)	해 (亥)	신 (申)	사 (巳)	인 (寅)	해 (亥)	신 (申)	사 (巳)
천창 (天倉)	유 (酉)	술 (戌)	해 (亥)	자 (子)	축 (丑)	인 (寅)	묘 (卯)	진 (辰)	사 (巳)	오 (午)	미 (未)	신 (申)
지창 (地倉)	진술 (辰戌)	인신 (寅申)	자오 (子午)	사해 (巳亥)	묘유 (卯酉)	인신 (寅申)	묘유 (卯酉)	축미 (丑未)	자오 (子午)	진술 (辰戌)	묘유 (卯酉)	인신 (寅申)
수천 (守天)	신 (申)	진 (辰)	자 (子)	해 (亥)	신 (申)	을 (乙)	곤 (坤)	묘 (卯)	병 (丙)	묘 (卯)	진 (辰)	해 (亥)
수전 (守殿)	병임 (丙壬)	임미 (壬未)	자오 (子午)	사해 (巳亥)	갑경 (甲庚)	계정 (癸丁)	곤간 (坤艮)	묘유 (卯酉)	병임 (丙壬)	묘유 (卯酉)	진술 (辰戌)	사해 (巳亥)

세천덕(歲天德)・천덕합(天德合)・세월덕(歲月德)・월
덕합(月德合) 등은 모두 제반 행사에 길일로 통용되고,
역마(驛馬)일은 장사(葬事)나 출행(出行)일에 좋으며,
천창(天倉)과 지창(地倉)일은 창고를 짓거나 집을 수리
할 때 통상 쓰고, 수천(守天)과 수전(守殿)일은 제 흉살
(凶殺)을 모두 제제한다고 하여 좋은 날로 친다.

(3) 세간흉신(歲干凶神)

세간 (歲干) 흉신 (凶神)	갑 (甲)	을 (乙)	병 (丙)	정 (丁)	무 (戊)	기 (己)	경 (庚)	신 (辛)	임 (壬)	계 (癸)
산가곤룡 (山家困龍)	건 (乾)	경 (庚)	정 (丁)	손 (巽)	갑 (甲)	건 (乾)	경 (庚)	정 (丁)	손 (巽)	갑 (甲)
산가관부 (山家官符)	해 (亥)	유 (酉)	미 (未)	사 (巳)	묘 (卯)	해 (亥)	유 (酉)	미 (未)	사 (巳)	묘 (卯)
좌산관부 (坐山官符)	술 (戌)	신 (申)	오 (午)	진 (辰)	인 (寅)	술 (戌)	신 (申)	오 (午)	진 (辰)	인 (寅)
나천대퇴 (羅天大退)	감 (坎)	진 (震)	간 (艮)	간 (艮)	곤 (坤)	곤 (坤)	손 (巽)	손 (巽)	태 (兌)	태 (兌)
부천공망 (浮天空亡)	임 (壬)	계 (癸)	신 (辛)	경 (庚)	곤 (坤)	건 (乾)	정 (丁)	병 (丙)	갑 (甲)	을 (乙)
산가혈인 (山家血刃)	6.7	1.4	2.8	3	9	6.7	1.4	2.8	3	9
장군전 (將軍箭)	묘 (卯)	진 (辰)	오 (午)	미 (未)	오 (午)	미 (未)	유 (酉)	술 (戌)	자 (子)	축 (丑)
양인 (羊刃)	묘 (卯)	진 (辰)	오 (午)	미 (未)	오 (午)	미 (未)	유 (酉)	술 (戌)	자 (子)	축 (丑)
비인 (飛刃)	유 (酉)	술 (戌)	자 (子)	축 (丑)	자 (子)	축 (丑)	묘 (卯)	진 (辰)	오 (午)	미 (未)

　산가곤룡(山家困龍)과　산가관부(山家官符)·좌산관부
(坐山官符)·나천대퇴(羅天大退)의 일에는 장사(葬事)를
지내면 대흥하고, 부천공망(浮天空亡)의 방위에는 입향
(立向)을 하지 않으며, 산가혈인(山家血刃)과 장군전(將
軍箭) 일에는 신축을 꺼리고, 양인(羊刃)과 비인(飛刃)
의 날에는 큰 행사를 하지 않는 것이 좋다.

(4) 세지흉신(歲支凶神) ①

흉신(凶神) \ 세지(歲支)	자(子)	축(丑)	인(寅)	묘(卯)	진(辰)	사(巳)	오(午)	미(未)	신(申)	유(酉)	술(戌)	해(亥)
좌산라후(坐山羅候)	6	8	3	9	7	2	2	8	1	1	4	6
순산라후(巡山羅候)	을(乙)	인(寅)	간(艮)	갑(甲)	손(巽)	병(丙)	정(丁)	곤(坤)	신(辛)	건(乾)	계(癸)	경(庚)
황천구퇴(皇天灸退)	묘(卯)	자(子)	유(酉)	오(午)	묘(卯)	자(子)	유(酉)	오(午)	묘(卯)	자(子)	유(酉)	오(午)
나천대퇴(羅天大退)	4	7	1	1	1	1	6	6	2	2	9	9
구천주작(九天朱雀)	묘(卯)	술(戌)	사(巳)	자(子)	미(未)	인(寅)	유(酉)	진(辰)	해(亥)	오(午)	축(丑)	신(申)
타겁혈인(打劫血刃)	2	8	6	2	9	4	2	8	6	2	9	4
태음살(太陰殺)	해(亥)	자(子)	축(丑)	인(寅)	묘(卯)	진(辰)	사(巳)	오(午)	미(未)	신(申)	유(酉)	술(戌)
천관부(天官符)	해(亥)	신(申)	사(巳)	인(寅)	해(亥)	신(申)	사(巳)	인(寅)	해(亥)	신(申)	사(巳)	인(寅)
지관부(地官符)	진(辰)	사(巳)	오(午)	미(未)	신(甲)	유(酉)	술(戌)	해(亥)	자(子)	축(丑)	인(寅)	묘(卯)

좌산라후(坐山羅睺)는 세지흉신(歲支凶神)이 되어 음택(陰宅)이나 양택(陽宅)에서 범하게 되면 관재(官災)를 부르고, 순산라후(巡山羅睺)는 음택에서만 관재와 불의의 병환이 발생하기가 쉬우며, 황천구퇴(皇天灸退)의 방위로 향(向)을 놓게되면 재물이 흩어지고, 나천대퇴(羅天大退)를 범하면 사람도 상하고 재물이 흩어진다고 한다. 타겁혈인(打劫血刃)은 동토(動土)와 작향(作向)을 꺼리고, 구천주작(九天朱雀)은 입향(立向)과 수작(修作: 고치고 만드는 것)을 꺼린다. 태음살(太陰殺)에는 집을 짓거나 작향(作向)을 하지 않으며, 천관부(天官符)와 지관부(地官符)에서는 다같이 장사(葬事)지내는 일을 꺼린다.

세지흉신(歲支凶神) ②

흉신 (凶神) ＼ 세지 (歲支)	자 (子)	축 (丑)	인 (寅)	묘 (卯)	진 (辰)	사 (巳)	오 (午)	미 (未)	신 (申)	유 (酉)	술 (戌)	해 (亥)
겁살 (劫殺)	사 (巳)	인 (寅)	해 (亥)	신 (申)	사 (巳)	인 (寅)	해 (亥)	신 (申)	사 (巳)	인 (寅)	해 (亥)	신 (申)
재살 (災殺)	오 (午)	묘 (卯)	자 (子)	유 (酉)	오 (午)	묘 (卯)	자 (子)	유 (酉)	오 (午)	묘 (卯)	자 (子)	유 (酉)
세살 (歲殺)	미 (未)	진 (辰)	축 (丑)	술 (戌)	미 (未)	진 (辰)	축 (丑)	술 (戌)	미 (未)	진 (辰)	축 (丑)	술 (戌)
좌살 (坐殺)	병정 (丙丁)	갑을 (甲乙)	임계 (壬癸)	경신 (庚辛)	병정 (丙丁)	갑을 (甲乙)	임계 (壬癸)	경신 (庚辛)	병정 (丙丁)	갑을 (甲乙)	임계 (壬癸)	경신 (庚辛)
향살 (向殺)	임계 (壬癸)	경신 (庚辛)	병정 (丙丁)	갑을 (甲乙)	임계 (壬癸)	경신 (庚辛)	병정 (丙丁)	갑을 (甲乙)	임계 (壬癸)	경신 (庚辛)	병정 (丙丁)	갑을 (甲乙)
유재 (流財)	건술 (乾戌)	미신 (未申)	자축 (子丑)	자축 (子丑)	자축 (子丑)	건술 (乾戌)	건술 (乾戌)	건술 (乾戌)	자축 (子丑)	미신 (未申)	미신 (未申)	미신 (未申)
대장군 (大將軍)	유 (酉)	유 (酉)	자 (子)	자 (子)	자 (子)	묘 (卯)	묘 (卯)	묘 (卯)	오 (午)	오 (午)	오 (午)	유 (酉)
대모 (大耗)	오 (午)	미 (未)	신 (申)	유 (酉)	술 (戌)	해 (亥)	자 (子)	축 (丑)	인 (寅)	묘 (卯)	진 (辰)	사 (巳)
소모 (小耗)	사 (巳)	오 (午)	미 (未)	신 (申)	유 (酉)	술 (戌)	해 (亥)	자 (子)	축 (丑)	인 (寅)	묘 (卯)	진 (辰)

겁살(劫殺)과 재살(災殺)·세살(歲殺)은 통상 삼살(三殺)방위라 하여 작향(作向)을 꺼리고, 좌살(坐殺)과 향살(向殺)에는 장사(葬事)를 지내지 않으며, 유재(流財)를 범하면 전장(田場)이 훼손되고, 대장군(大將軍) 방위에는 집을 짓거나 수리를 하지 않으며, 대모(大耗)와 소모(小耗)일에는 동토(動土)와 재물의 출납 행위를 꺼리고 있다.

(5) 월가길신(月家吉神) ①

월별(月別) 길신(吉神)	1	2	3	4	5	6	7	8	9	10	11	12
천덕(天德)	정(丁)	신(申)	임(壬)	신(辛)	해(亥)	갑(甲)	계(癸)	인(寅)	병(丙)	을(乙)	사(巳)	경(庚)
천덕합(天德合)	임(壬)	사(巳)	정(丁)	병(丙)	인(寅)	기(己)	술(戌)	해(亥)	신(辛)	경(庚)	신(申)	을(乙)
월덕(月德)	병(丙)	갑(甲)	임(壬)	경(庚)	병(丙)	갑(己)	임(壬)	경(庚)	병(丙)	갑(甲)	임(壬)	경(庚)
월덕합(月德合)	신(辛)	기(己)	정(丁)	을(乙)	신(辛)	기(己)	정(丁)	을(乙)	신(辛)	기(己)	정(丁)	을(乙)
월공(月空)	임(壬)	경(庚)	병(丙)	갑(甲)	임(壬)	경(庚)	병(丙)	갑(甲)	임(壬)	경(庚)	병(丙)	갑(甲)
월은(月恩)	병(丙)	정(丁)	경(庚)	기(己)	무(戊)	신(辛)	임(壬)	계(癸)	경(庚)	을(乙)	갑(甲)	신(辛)
월재(月財)	9	3	4	2	7	6	9	3	4	2	7	6
생기(生氣)	술(戌)	해(亥)	자(子)	축(丑)	인(寅)	묘(卯)	진(辰)	사(巳)	오(午)	미(未)	신(申)	유(酉)
천의(天醫)	축(丑)	인(寅)	묘(卯)	진(辰)	사(巳)	오(午)	미(未)	신(申)	유(酉)	술(戌)	해(亥)	자(子)

천덕(天德)·천덕합(天德合)·월덕(月德)·월덕합(月德合)은 제반백사에 모두 형통하여 만복(萬福)이 다 함께 이른다는 좋은 날이다. 월공(月空)일은 상장(上章)과 수작(修作)에 좋고, 월은(月恩)은 천은(天恩)과 같이 수작(修作)과 관직의 부임·결혼 등 제반사에 좋으며, 월재(月財)는 이사를 하거나 장사(葬事)일을 하면 대길하여 횡재를 하고, 생기(生氣)일은 일명 천희(天喜)라 하여 기쁜 일이 생기며, 천의(天醫)일에는 침을 맞거나 복약(服藥)을 하면 좋다고 한다.

월가길신(月家吉神) ②

길신(吉神) \ 월별(月別)	1	2	3	4	5	6	7	8	9	10	11	12
왕일(旺日)	인(寅)	인(寅)	인(寅)	사(巳)	사(巳)	사(巳)	신(申)	신(申)	신(申)	해(亥)	해(亥)	해(亥)
상일(相日)	사(巳)	사(巳)	사(巳)	신(申)	신(申)	신(申)	해(亥)	해(亥)	해(亥)	인(寅)	인(寅)	인(寅)
해신(解神)	신(申)	신(申)	술(戌)	술(戌)	자(子)	자(子)	인(寅)	인(寅)	진(辰)	진(辰)	오(午)	오(午)
오부(五富)	해(亥)	인(寅)	사(巳)	신(申)	해(亥)	인(寅)	사(巳)	신(申)	해(亥)	인(寅)	사(巳)	신(申)
옥제사일(玉帝赦日)	정사(丁巳)	갑자(甲子)	을축(乙丑)	병인(丙寅)	신묘(辛卯)	임진(壬辰)	정해(丁亥)	갑오(甲午)	을미(乙未)	병신(丙申)	신유(辛酉)	임술(壬戌)
황은대사(皇恩大赦)	술(戌)	축(丑)	인(寅)	사(巳)	유(酉)	묘(卯)	자(子)	오(午)	해(亥)	신(申)	진(辰)	미(未)
천사(天赦)	술(戌)	축(丑)	진(辰)	미(未)	술(戌)	축(丑)	진(辰)	미(未)	술(戌)	축(丑)	진(辰)	미(未)
천귀(天貴)	갑을(甲乙)	갑을(甲乙)	갑을(甲乙)	병정(丙丁)	병정(丙丁)	병정(丙丁)	경신(庚辛)	경신(庚辛)	경신(庚辛)	임계(壬癸)	임계(壬癸)	임계(壬癸)
사상(四相)	병정(丙丁)	병정(丙丁)	병정(丙丁)	무기(戊己)	무기(戊己)	무기(戊己)	임계(壬癸)	임계(壬癸)	임계(壬癸)	갑을(甲乙)	갑을(甲乙)	갑을(甲乙)

왕일(旺日)과 상일(相日)에는 상량(上樑)과 하관(下棺)에 마땅하고 해신(解神)일은 제살(諸殺)을 산해(散解)한다 하여 백사에 대길하다. 오부(五富)일에는 장사(葬事)나 창고 같은 것을 지으면 좋고, 옥제사일(玉帝赦日)은 옥황상제(玉皇上帝)가 죄를 사하는 날이라 하여 아무일을 해도 무방하며, 황은대사(皇恩大赦)와 천사(天赦)일은 재앙을 해소하여 복을 얻는다는 길일이다. 천귀(天貴)는 제사(祭祀)나 관직의 부임(赴任)·입학(入學) 등에 좋고 사상(四相)은 혼인 및 백사에 모두 좋다는 길일로 친다.

월가길신(月家吉神) ③

월별(月別) 길신(吉神)	1	2	3	4	5	6	7	8	9	10	11	12
만통사길(萬通四吉)	오(午)	해(亥)	신(申)	축(丑)	술(戌)	묘(卯)	자(子)	사(巳)	인(寅)	미(未)	진(辰)	유(酉)
관일(官日)	묘(卯)	묘(卯)	묘(卯)	오(午)	오(午)	오(午)	유(酉)	유(酉)	유(酉)	자(子)	자(子)	자(子)
민일(民日)	오(午)	오(午)	오(午)	유(酉)	유(酉)	유(酉)	자(子)	자(子)	자(子)	묘(卯)	묘(卯)	묘(卯)
시덕(時德)	오(午)	오(午)	오(午)	진(辰)	진(辰)	진(辰)	자(子)	자(子)	자(子)	인(寅)	인(寅)	인(寅)
삼합(三合)	오술(午戌)	해미(亥未)	신자(申子)	유축(酉丑)	인술(寅戌)	묘해(卯亥)	자진(子辰)	사축(巳丑)	인오(寅午)	묘미(卯未)	진신(辰申)	사유(巳酉)
육합(六合)	해(亥)	술(戌)	유(酉)	신(申)	미(未)	오(午)	사(巳)	진(辰)	묘(卯)	인(寅)	축(丑)	자(子)
익후(益後)	자(子)	오(午)	축(丑)	미(未)	인(寅)	신(申)	묘(卯)	유(酉)	진(辰)	술(戌)	사(巳)	해(亥)
속세(續世)	축(丑)	미(未)	인(寅)	신(申)	묘(卯)	유(酉)	진(辰)	술(戌)	사(巳)	해(亥)	오(午)	자(子)
청룡(靑龍)	자(子)	인(寅)	진(辰)	오(午)	신(申)	술(戌)	자(子)	인(寅)	진(辰)	오(午)	신(申)	술(戌)

만통사길(萬通四吉)은 전화 위복(轉禍爲福)의 길일이
며, 관일(官日)은 상장(上章)·부임(赴任) 등에 좋고 민
일(民日)은 소송(訴訟)에 유리하며, 시덕(時德)일에는
결혼이나 또는 친우들과의 모임에 좋고, 삼합(三合)과
육합(六合)일도 동일하다. 익후(益後)와 속세(續世)일은
입양(立養)이나 상속(相續) 같은 일에 좋으며, 청룡(靑
龍)일에는 원행(遠行)을 하거나 배를 타면 더욱 좋다고
한다.

(6) 월가흉신(月家凶神) ①

월별(月別) 흉신(凶神)	1	2	3	4	5	6	7	8	9	10	11	12
천강(天罡)	사(巳)	자(子)	미(未)	인(寅)	유(酉)	진(辰)	해(亥)	오(午)	축(丑)	신(申)	묘(卯)	술(戌)
하괴(河魁)	해(亥)	오(午)	축(丑)	신(申)	묘(卯)	술(戌)	사(巳)	자(子)	미(未)	인(寅)	유(酉)	진(辰)
지파(地破)	해(亥)	자(子)	축(丑)	인(寅)	묘(卯)	진(辰)	사(巳)	오(午)	미(未)	신(申)	유(酉)	술(戌)
라망(羅網)	자(子)	신(申)	사(巳)	진(辰)	술(戌)	해(亥)	축(丑)	신(申)	미(未)	자(子)	사(巳)	신(申)
멸몰(滅沒)	축(丑)	자(子)	해(亥)	술(戌)	유(酉)	신(申)	미(未)	오(午)	사(巳)	진(辰)	묘(卯)	인(寅)
천구(天狗)	자(子)	축(丑)	인(寅)	묘(卯)	진(辰)	사(巳)	오(午)	미(未)	신(申)	유(酉)	술(戌)	해(亥)
왕망(往亡)	인(寅)	사(巳)	신(申)	해(亥)	묘(卯)	오(午)	유(酉)	자(子)	진(辰)	미(未)	술(戌)	축(丑)
천적(天賊)	진(辰)	유(酉)	인(寅)	미(未)	자(子)	사(巳)	술(戌)	묘(卯)	신(申)	축(丑)	오(午)	해(亥)
피마(彼麻)	자(子)	유(酉)	오(午)	묘(卯)	자(子)	유(酉)	오(午)	묘(卯)	자(子)	유(酉)	오(午)	묘(卯)

천강(天罡)과 하괴(河魁)는 멸문대화(滅問大禍)일이라 하여 백사를 모두 꺼린다. 그러나 황도(黃道)일과 병행되면 가용해도 무방하다고 한다. 지파(地破)일에는 동토(動土)일을 삼가하고, 라망(羅網)에는 결혼과 원행(遠行)·소송(訴訟) 등을 꺼리며, 멸몰(滅沒)일에는 혼인과 기조(起造)·출행(出行) 등을 하지 않고, 천구(天狗)일에는 제사(祭祀)를 꺼리며, 왕망(往亡)일에는 이사(移徙)·공직의 취임·원행(遠行) 등을 삼가하고 천적(天賊)일에는 이사를 하지 않으며, 피마(披麻)일은 입택(入宅)이나 결혼·신행 등을 하지 않는다.

월가흉신(月家凶神) ②

흉신(凶神) \ 월별(月別)	1	2	3	4	5	6	7	8	9	10	11	12
홍사(紅紗)	유(酉)	사(巳)	축(丑)	유(酉)	사(巳)	축(丑)	유(酉)	사(巳)	축(丑)	유(酉)	사(巳)	축(丑)
황사(黃紗)	오(午)	인(寅)	자(子)	오(午)	인(寅)	자(子)	오(午)	인(寅)	자(子)	오(午)	인(寅)	자(子)
복일(復日)	갑경(甲庚)	을신(乙辛)	무기(戊己)	병임(丙壬)	정계(丁癸)	무기(戊己)	경갑(庚甲)	신을(辛乙)	무기(戊己)	임병(壬丙)	계정(癸丁)	무기(戊己)
중일(重日)	사해(巳亥)	사해(巳亥)	사해(巳亥)	사해(巳亥)	사해(巳亥)	사해(巳亥)	사해(巳亥)	사해(巳亥)	사해(巳亥)	사해(巳亥)	사해(巳亥)	사해(巳亥)
중상(重喪)	갑(甲)	을(乙)	기(己)	병(丙)	정(丁)	기(己)	경(庚)	신(辛)	기(己)	임(壬)	계(癸)	기(己)
온황(瘟皇)	미(未)	술(戌)	진(辰)	인(寅)	오(午)	자(子)	유(酉)	신(申)	사(巳)	해(亥)	축(丑)	묘(卯)
토온(土瘟)	진(辰)	사(巳)	오(午)	미(未)	신(申)	유(酉)	술(戌)	해(亥)	자(子)	축(丑)	인(寅)	묘(卯)
토기(土忌)	인(寅)	사(巳)	신(申)	해(亥)	묘(卯)	오(午)	유(酉)	자(子)	진(辰)	미(未)	술(戌)	축(丑)
토금(土禁)	해(亥)	해(亥)	해(亥)	인(寅)	인(寅)	인(寅)	사(巳)	사(巳)	사(巳)	신(申)	신(申)	신(申)

홍사(紅紗)일에는 결혼식과 신행을 하지 않고, 황사(黃紗)일에는 혼인과 안장(安葬)을 꺼리며, 복일(復日)과 중일(重日)·중상(重喪)일에는 다같이 안장(安葬)과 사초(沙草)를 하지 않는다. 온황(瘟皇)일에는 집을 새로 짓거나 수리 또는 이사를 하지 않고 토온(土瘟)과 토기(土忌)·토금(土禁)일에는 동토(動土)를 하거나 샘을 파는 등 파토(破土) 행위를 꺼린다.

월가흉신(月家凶神) ③

흉신(凶神) \ 월별(月別)	1	2	3	4	5	6	7	8	9	10	11	12
천격(天隔)	인(寅)	자(子)	술(戌)	신(申)	오(午)	진(辰)	인(寅)	자(子)	술(戌)	신(申)	오(午)	진(辰)
지격(地隔)	진(辰)	인(寅)	자(子)	술(戌)	신(申)	오(午)	진(辰)	인(寅)	자(子)	술(戌)	신(申)	오(午)
산격(山隔)	미(未)	사(巳)	묘(卯)	축(丑)	해(亥)	유(酉)	미(未)	사(巳)	묘(卯)	축(丑)	해(亥)	유(酉)
수격(水隔)	술(戌)	신(申)	오(午)	진(辰)	인(寅)	자(子)	술(戌)	신(申)	오(午)	진(辰)	인(寅)	자(子)
수사(受死)	술(戌)	진(辰)	해(亥)	사(巳)	자(子)	오(午)	축(丑)	미(未)	인(寅)	신(申)	묘(卯)	유(酉)
음차(陰差)	경술(庚戌)	신유(辛酉)	경신(庚申)	정미(丁未)	병오(丙午)	정사(丁巳)	갑진(甲辰)	기묘(己卯)	갑인(甲寅)	계축(癸丑)	임자(壬子)	계해(癸亥)
양착(陽錯)	갑인(甲寅)	을묘(乙卯)	갑진(甲辰)	정사(丁巳)	병오(丙午)	정미(丁未)	경신(庚申)	신유(辛酉)	경술(庚戌)	계해(癸亥)	임자(壬子)	계축(癸丑)
천화(天火)	자(子)	묘(卯)	오(午)	유(酉)	자(子)	묘(卯)	오(午)	유(酉)	자(子)	묘(卯)	오(午)	유(酉)
지낭(地囊)	경자(庚子)	계축(癸丑)	갑자(甲子)	기묘(己卯)	무진(戊辰)	계미(癸未)	병인(丙寅)	정묘(丁卯)	무진(戊辰)	경자(庚子)	신미(辛未)	을미(乙未)
지낭(地囊)	경오(庚午)	계미(癸未)	갑인(甲寅)	기축(己丑)	무오(戊午)	계사(癸巳)	병신(丙申)	정사(丁巳)	무자(戊子)	경술(庚戌)	신유(辛酉)	을유(乙酉)

천격(天隔)일에는 출행(出行)과 구관(求官)행위를 꺼리고, 지격(地隔)일에는 나무를 심거나 안장(安葬)을 하지 않으며, 산격(山隔)일에는 입산과 벌목·수렵 행위 등을 꺼리고, 수격(水隔)일에는 물에 들어가 수영(水泳)을 하거나 수렵·뱃놀이 등 물에서 하는 행위는 좋치 않으며, 수사(受死)일은 고기잡는 일을 제외하고 모든 행사에 좋치 않고, 음차(陰差)와 양착(陽錯)일도 다같이 결혼식을 올리거나 안장(安葬)하는 것을 꺼린다. 천화(天火)일에는 지붕을 새로 덮거나(蓋屋) 수조(修造)행위를 하지 않으며, 지낭(地囊)일에는 집을 새로 짓거나 동토행위 그리고 샘·못(池) 등을 파고 막는 일을 꺼린다.

월가흉신(月家凶神) ④

흉신 (凶神) \ 월별(月別)	1	2	3	4	5	6	7	8	9	10	11	12
유화 (遊禍)	사 (巳)	인 (寅)	해 (亥)	신 (申)	사 (巳)	인 (寅)	해 (亥)	신 (申)	사 (巳)	인 (寅)	해 (亥)	신 (申)
귀기 (歸忌)	축 (丑)	인 (寅)	자 (子)	축 (丑)	인 (寅)	자 (子)	축 (丑)	인 (寅)	자 (子)	축 (丑)	인 (寅)	자 (子)
독화 (獨火)	사 (巳)	진 (辰)	묘 (卯)	인 (寅)	축 (丑)	자 (子)	해 (亥)	술 (戌)	유 (酉)	신 (申)	미 (未)	오 (午)
혈기 (血忌)	축 (丑)	미 (未)	인 (寅)	신 (申)	묘 (卯)	유 (酉)	진 (辰)	술 (戌)	사 (巳)	해 (亥)	오 (午)	자 (子)
혈지 (血支)	축 (丑)	인 (寅)	묘 (卯)	진 (辰)	사 (巳)	오 (午)	미 (未)	신 (申)	유 (酉)	술 (戌)	해 (亥)	자 (子)
월살 (月殺)	축 (丑)	술 (戌)	미 (未)	진 (辰)	축 (丑)	술 (戌)	미 (未)	진 (辰)	축 (丑)	술 (戌)	미 (未)	진 (辰)
월파 (月破)	신 (申)	유 (酉)	술 (戌)	해 (亥)	자 (子)	축 (丑)	인 (寅)	묘 (卯)	진 (辰)	사 (巳)	오 (午)	미 (未)
월압 (月壓)	술 (戌)	유 (酉)	신 (申)	미 (未)	오 (午)	사 (巳)	진 (辰)	묘 (卯)	인 (寅)	축 (丑)	자 (子)	해 (亥)
방소와해 (氷消瓦解)	사 (巳)	자 (子)	축 (丑)	신 (申)	묘 (卯)	술 (戌)	해 (亥)	오 (午)	미 (未)	인 (寅)	유 (酉)	진 (辰)

유화(遊禍)일과 혈기(血忌)및 혈지(血支)일에는 침을 맞거나 찜질·복약(服藥)·출혈(出血) 등 행위를 꺼리고, 귀기(歸忌)일에는 이사·혼인·입택(入宅)·원행(遠行) 등을 꺼리며, 독화(獨火)일에는 집을 새로 짓거나 지붕을 덮지 않고 부엌도 만드는 것을 꺼린다. 월살(月殺)에는 혼인을 하지 않고 기둥도 세우지 않으며, 상량(上樑)도 꺼린다. 월파(月破)에는 제반 행사가 모두 불리하고 월압(月厭)일에도 혼인과 이사를 하지 않으며, 빙소와해(氷消瓦解)일에는 집을 새로 짓거나 입택(入宅)하는 것을 꺼린다.

월가흉신(月家凶神) ⑤

월별(月別) 흉신(凶神)	1	2	3	4	5	6	7	8	9	10	11	12
압대 (厭對)	진 (辰)	묘 (卯)	인 (寅)	축 (丑)	자 (子)	해 (亥)	술 (戌)	유 (酉)	신 (申)	미 (未)	오 (午)	사 (巳)
월해 (月害)	사 (巳)	진 (辰)	묘 (卯)	인 (寅)	축 (丑)	자 (子)	해 (亥)	술 (戌)	유 (酉)	신 (申)	미 (未)	오 (午)
멸망 (滅亡)	축 (丑)	진 (辰)	미 (未)	술 (戌)	축 (丑)	진 (辰)	미 (未)	술 (戌)	축 (丑)	진 (辰)	미 (未)	술 (戌)
고초 (枯焦)	진 (辰)	축 (丑)	술 (戌)	미 (未)	묘 (卯)	자 (子)	유 (酉)	오 (午)	인 (寅)	해 (亥)	신 (申)	사 (巳)
천옥 (天獄)	자 (子)	유 (酉)	오 (午)	묘 (卯)	자 (子)	유 (酉)	오 (午)	묘 (卯)	자 (子)	유 (酉)	오 (午)	묘 (卯)
비염 (飛廉)	술 (戌)	사 (巳)	오 (午)	미 (未)	인 (寅)	묘 (卯)	진 (辰)	해 (亥)	자 (子)	축 (丑)	신 (申)	유 (酉)

압대(厭對)일에는 월압(月厭)일과 같이 혼인과 이사를 하지 않으며, 월해(月害)일은 월파(月破)일과 같이 제반 행사에 마땅치 못하고, 멸망(滅亡)일은 백사에 모두 크게 꺼린다.

고초(枯焦)일에는 씨앗을 뿌리거나 나무를 심지 아니하고, 천옥(天獄)일은 천화(天火)일과 같이 지붕을 덮거나 수조(修造) 행위를 꺼린다. 그리고 비염살(飛廉殺)을 범하면 피를 보거나 손재(損財)수가 생긴다고 한다.

3. 황흑도정국(黃黑道定局)

월별(月別) 구분(區分)	11 (子)	12 (丑)	1 (寅)	2 (卯)	3 (辰)	4 (巳)	5 (午)	6 (未)	7 (申)	8 (酉)	9 (戌)	10 (亥)
청룡황도 (青龍黃道)	신 (申)	술 (戌)	자 (子)	인 (寅)	진 (辰)	오 (午)	신 (申)	술 (戌)	자 (子)	인 (寅)	진 (辰)	오 (午)
명당황도 (明堂黃道)	유 (酉)	해 (亥)	축 (丑)	묘 (卯)	사 (巳)	미 (未)	유 (酉)	해 (亥)	축 (丑)	묘 (卯)	사 (巳)	미 (未)
옥당황도 (玉堂黃道)	묘 (卯)	사 (巳)	미 (未)	유 (酉)	해 (亥)	축 (丑)	묘 (卯)	사 (巳)	미 (未)	유 (酉)	해 (亥)	축 (丑)
금궤황도 (金匱黃道)	자 (子)	인 (寅)	진 (辰)	오 (午)	신 (申)	술 (戌)	자 (子)	인 (寅)	진 (辰)	오 (午)	신 (申)	술 (戌)
사명황도 (司命黃道)	오 (午)	신 (申)	술 (戌)	자 (子)	인 (寅)	진 (辰)	오 (午)	신 (申)	술 (戌)	자 (子)	인 (寅)	진 (辰)
천덕황도 (天德黃道)	축 (丑)	묘 (卯)	사 (巳)	미 (未)	유 (酉)	해 (亥)	축 (丑)	묘 (卯)	사 (巳)	미 (未)	유 (酉)	해 (亥)
백호흑도 (白虎黑道)	인 (寅)	진 (辰)	오 (午)	신 (申)	술 (戌)	자 (子)	인 (寅)	진 (辰)	오 (午)	신 (申)	술 (戌)	자 (子)
천형흑도 (天刑黑道)	술 (戌)	자 (子)	인 (寅)	진 (辰)	오 (午)	신 (申)	술 (戌)	자 (子)	인 (寅)	진 (辰)	오 (午)	신 (申)
천로흑도 (天牢黑道)	진 (辰)	오 (午)	신 (申)	술 (戌)	자 (子)	인 (寅)	진 (辰)	오 (午)	신 (申)	술 (戌)	자 (子)	인 (寅)
주작흑도 (朱雀黑道)	해 (亥)	축 (丑)	묘 (卯)	사 (巳)	미 (未)	유 (酉)	해 (亥)	축 (丑)	묘 (卯)	사 (巳)	미 (未)	유 (酉)
현무흑도 (玄武黑道)	사 (巳)	미 (未)	유 (酉)	해 (亥)	축 (丑)	묘 (卯)	사 (巳)	미 (未)	유 (酉)	해 (亥)	축 (丑)	묘 (卯)
구진흑도 (句陳黑道)	미 (未)	유 (酉)	해 (亥)	축 (丑)	묘 (卯)	사 (巳)	미 (未)	유 (酉)	해 (亥)	축 (丑)	묘 (卯)	사 (巳)

황도(黃道)는 여러 흉살(凶殺)을 제화(制化)하는 길신(吉神)이다. 그래서 혼인 같은 길사를 비롯하여 새로 집을 건축하거나 수리할 때, 이사(移徙)·장례 등 제반 행사에서 이 황도법을 적용한다.

적용 방법은 월(月)에서는 일진(日辰)을 보고, 일진(日辰)에서는 시(時)를 보는데 행사에서 좋은 시(時)를 가리려면 황도시(黃道時)를 사용함이 가장 좋다.

예를 들면 1월 즉, 인월(寅月)의 경우 자(子)·축(丑)·미(未)·진(辰)·술(戌)·사(巳)는 황도(黃道)일이 되어 좋고, 그외는 흑도(黑道)일이 되어 불길하다. 그리고 시(時)를 가릴 때는 자(子)일의 경우 신(申)·유(酉)·묘(卯)·자(子)·오(午)·축(丑)이 황도(黃道)시가 되어 대길하고 여타는 모두 불길한 흑도(黑道)시가 되어 꺼린다. 간혹 일정이 다급하여 다른 좋은 날을 가려 쓸 겨를이 없을 경우에는 이「황도일」을 가려서 사용해도 무방하다.

4. 생갑(生甲)·병갑(病甲)·사갑(死甲)표

연지(年支) 구분(區分)	자·오·묘·유 (子午卯酉)	진·술·축·미 (辰戌丑未)	인·신·사·해 (寅申巳亥)
생 갑 순 (生甲旬)	갑자·갑오·순중 (甲子 甲午 旬中)	갑진·갑술·순중 (甲辰 甲戌 旬中)	갑인·갑신·순중 (甲寅 甲申 旬中)
병 갑 순 (病甲旬)	갑인·갑신·순중 (甲寅 甲申 旬中)	갑자·갑오·순중 (甲子 甲午 旬中)	갑진·갑술·순중 (甲辰 甲戌 旬中)
사 갑 순 (死甲旬)	갑진·갑술·순중 (甲辰 甲戌 旬中)	갑인·갑신·순중 (甲寅 甲申 旬中)	갑자·갑오·순중 (甲子 甲午 旬中)

이 삼갑법(三甲法)은 대체로 생갑순(生甲旬)에는 길하고 병갑순(病甲旬)에는 평평(平平)하며 사갑순(死甲旬)에는 흉하다고 본다.

그러나 그 응용 목적에 따라 다르다. 혼인이나 이사, 집을 지을 때는 생갑순이 좋아도 장사(葬事)에는 꺼린다. 이와 달리 장사에는 「사갑순」이 길하고 「생갑순」은 흉하게 본다. 예를 들면 자(子)·오(午)·묘(卯)·유(酉)년의 생갑(生甲)·갑자순(甲子旬)은 갑자(甲子)·을축(乙丑)·병인(丙寅)·정묘(丁卯)·무진(戊辰)·기사(己巳)·경오(庚午)·신미(辛未)·임신(壬申)·계유(癸酉)까지이고, 갑오순(甲午旬)은 갑오(甲午)·을미(乙未)·병신(丙申)·정유(丁酉)·무술(戊戌)·기해(己亥)·경자(庚子)·신축(辛丑)·임인(壬寅)·계묘(癸卯)까지이다.

5. 건제(建際) 12신(神) 정국(定局)

정국(定局) \ 월별(月別)	건(建)	제(除)	만(滿)	평(平)	정(定)	집(執)	파(破)	위(危)	성(成)	수(收)	개(開)	폐(閉)
1월 (입춘후)	인(寅)	묘(卯)	진(辰)	사(巳)	오(午)	미(未)	신(申)	유(酉)	술(戌)	해(亥)	자(子)	축(丑)
2월 (경칩후)	묘(卯)	진(辰)	사(巳)	오(午)	미(未)	신(申)	유(酉)	술(戌)	해(亥)	자(子)	축(丑)	인(寅)
3월 (청명후)	진(辰)	사(巳)	오(午)	미(未)	신(申)	유(酉)	술(戌)	해(亥)	자(子)	축(丑)	인(寅)	묘(卯)
4월 (입하후)	사(巳)	오(午)	미(未)	신(申)	유(酉)	술(戌)	해(亥)	자(子)	축(丑)	인(寅)	묘(卯)	진(辰)
5월 (망종후)	오(午)	미(未)	신(申)	유(酉)	술(戌)	해(亥)	자(子)	축(丑)	인(寅)	묘(卯)	진(辰)	사(巳)
6월 (소서후)	미(未)	신(申)	유(酉)	술(戌)	해(亥)	자(子)	축(丑)	인(寅)	묘(卯)	진(辰)	사(巳)	오(午)
7월 (입추후)	신(申)	유(酉)	술(戌)	해(亥)	자(子)	축(丑)	인(寅)	묘(卯)	진(辰)	사(巳)	오(午)	미(未)
8월 (백로후)	유(酉)	술(戌)	해(亥)	자(子)	축(丑)	인(寅)	묘(卯)	진(辰)	사(巳)	오(午)	미(未)	신(申)
9월 (한로후)	술(戌)	해(亥)	자(子)	축(丑)	인(寅)	묘(卯)	진(辰)	사(巳)	오(午)	미(未)	신(申)	유(酉)
10월 (입동후)	해(亥)	자(子)	축(丑)	인(寅)	묘(卯)	진(辰)	사(巳)	오(午)	미(未)	신(申)	유(酉)	술(戌)
11월 (대설후)	자(子)	축(丑)	인(寅)	묘(卯)	진(辰)	사(巳)	오(午)	미(未)	신(申)	유(酉)	술(戌)	해(亥)
12월 (소한후)	축(丑)	인(寅)	묘(卯)	진(辰)	사(巳)	오(午)	미(未)	신(申)	유(酉)	술(戌)	해(亥)	자(子)

보기: 1월은 입춘후(立春後) 인일(寅日)이 건성(建星)이고 묘일(卯日)일이 제(除), 진일(辰日)이 만(滿) 순으로 순행하며 이하 같은 방법으로 짚어가면 된다.

⑴ 건제(建除) 12신(神) 길흉 해설

ㅇ 건일(建日): 청소(淸掃)·출행(出行)·상장(上章)·입학(入學)·약혼(約婚)·구인(求人)·접견(接見) 등에 길하고 가옥수리·동토(動土)·혼인(婚姻)·사초(沙草)·파토(破土)·안장(安葬) 등에는 꺼린다.

ㅇ 제일(除日): 안택(安宅:고사)·제사(祭祀)·원행(遠行)·상장(上章)·계약(契約)·접목(接木)·요양(療養) 등에는 길해도 구직(求職)·이사(移徙)·출제(出財) 등에는 불리한 것으로 본다.

ㅇ 만일(滿日): 사람을 고용하거나 제사(祭祀)·접목(接木)·재의(裁衣) 등에는 좋아도 동토(動土)·입주(立柱)·이사(移徙)·구복(求福) 등에는 꺼린다.

ㅇ 평일(平日): 수축(修築)·제사(祭祀)에는 길해도 씨앗을 심거나 벌초(伐草)·파토(破土) 등에는 이롭지 못하다.

ㅇ 정일(定日): 제사(祭祀)·혼인(婚姻)·수축(修築)·장매(葬埋)·구복(求福)·납축(納畜)·제의(裁衣) 등에는 좋아도 원행(遠行)·소송(訴訟)·파종(播種) 등에는 불리하다.

○ 집일(執日): 제사・상장(上章)・혼인・계약・수축(修築)・장매(葬埋) 등에 길하고, 이사(移徙)・입택(入宅)・원행(遠行) 등에는 불리하다.

○ 파일(破日): 가옥・담장 등을 파괴하거나 병을 치료하는 데는 길해도, 벌초・파토・동토・안장・이사・원행・혼인 등 제반 행사에는 꺼린다.

○ 위일(危日): 제사・상장・혼인・계약・수조(修造)에는 길해도 입산수렵(入山獸獵)・입수어렵(入水漁獵)・승선(乘船) 행위 등에는 불리하다.

○ 성일(成日): 혼인・제사・안택・이사・수조(修造)・접목 등 제반 행사에 좋으나 오직 소송(訴訟)만 꺼린다.

○ 수일(收日): 제사・혼인・입학・수렵・납축(納畜)・수금・식목 등에는 길해도 벌초・파토・조분(造墳)・원행 등에는 불리하다.

○ 개일(開日): 제사・안택・혼인・수조・개업(開業)・계약 등에는 좋아도 동토・매장 행위 등에는 꺼린다.

○ 폐일(閉日): 제사・매장・계약・접목 등에는 길해도 출행・이사・동토・수축 등에는 불길하다.

6. 28숙성 정국(宿星定局)

28숙(宿)의 별(星)이름과 그 순서는 다음과 같다.

각(角)·항(亢)·저(氐)·방(房)·심(心)·미(尾)·
기(箕)·두(斗)·우(牛)·여(女)·허(虛)·위(危)·
실(室)·벽(壁)·규(奎)·루(婁)·위(胃)·묘(昴)·
필(畢)·자(觜)·삼(參)·정(井)·귀(鬼)·유(柳)·
성(星)·장(張)·익(翼)·진(軫)

위의 28숙(宿)은 일진(日辰)이 인(寅)·오(午)·술
(戌) 중 목요일(木曜日)과 합치되는 날에 각숙(角宿)을
기(起)하여 각(角)·항(亢)·저(氐)·방(房) 순으로 짚
어 나가면 된다.

그리고 대한민력(大韓民曆: 책력)에도 알기 쉽게 명기
하고 있다.

(1) 28숙성(宿星)의 길흉 해설

○ 각일(角日)(木): 기조(起造: 집을 새로 지을 때)와
혼인에 길하고 이장(移葬)이나 수분(修墳: 묘를 수축)에
는 불길하며 특히 각일이 닿는 초하룻날은 더욱 대흉하
다고 한다.

○ 항일(亢日)(金): 혼인을 하면 공방수(空房數)가 있
고 장사(葬事)를 지내면 거듭·상고(喪故)가 생긴다하여

크게 꺼린다.

특히 「항일」이 닿는 보름에는 더욱 대흉하다고 한다.

○ 저일(氐)(土): 저일에 집을 새로 짓거나 혼인을 하면 좋아도 장사를 치루거나 분묘를 고치는 일 등은 꺼린다.

○ 방일(房日)(日): 방일에는 장사 치루는 일을 제외하고 모든 행사에 다 길하다고 한다.

○ 심일(心日)(月): 제반 행사에 모두 불리한 것으로 본다.

○ 미일(尾日)(火): 집을 새로 짓거나 혼인·매장(埋葬)·문(門)을 내는 행위 등에는 모두 좋은 날로 친다.

○ 기일(箕日)(水): 기조(起造)·매장(埋葬)·수분(修墳)·개문(開門) 등에 모두 대길하다.

○ 두일(斗日)(木): 모든 행사에 대길하여 많이들 적용하며 특히 집을 짓거나 매장(埋葬) 등에는 더욱 좋다고 한다.

○ 우일(牛日)(金): 우일은 살신(殺神)이 많은 날이라 제반사에 모두 꺼리는 불길한 날이다.

○ 여일(女日)(土): 건축(建築)·안장(安葬)·개문(開門) 행위 등에 모두 꺼린다.

○ 허일(虛日)(日): 매장 행위를 제외하고는 모든 행

사에 유리한 길일로 친다.

○ 위일(危日)(月): 성조(成造)·매장·개문·방수(放修) 등에 특히 꺼린다.

○ 실일(室日)(火): 위일과 달리 매장 및 개문·방수(放水) 등에 대길하다.

○ 벽일(壁日)(水): 집을 새로 짓거나 수리 또는 혼인·매장·개문·방수 등에 모두 좋은 날로 친다.

○ 규일(奎日)(木): 매장·개문·방수 등에는 불길해도 집을 새로 짓거나 수리하는 일에는 좋은 것으로 본다.

○ 루일(婁日)(金): 혼인·안장·개문 등의 행사에 길하다. 그러나 이날이 그믐날이 되면 흉하다.

○ 위일(危日)(土): 기조·혼인·매장 등에 길하다.

○ 묘일(昴日)(日): 혼인·매장 등에는 흉해도 집을 짓거나 수리하는 일에는 길하다.

○ 필일(畢日)(月): 기조(起造)·매장(埋葬)·혼인(婚姻) 등에 모두 길하다.

○ 자일(觜日)(火): 제반 행사에 모두 꺼린다. 그러나 오직 매장에는 길한 것으로 본다.

○ 삼일(參日)(水): 혼인·안장·개문 등에는 흉해도 오직 가옥 수리에는 길하다.

○ 정일(井日)(木): 집을 짓거나 개문·방수 등에는 길해도 매장에는 흉하다.

○ 귀일(鬼日)(金): 매장에는 길하나 기조·혼인 등에는 불길하다.

○ 유일(柳日)(土): 매장·성조 등에 불길하다.

○ 성일(星日)(日): 신방을 꾸미는 일에만 길하고 여타 행위에는 불길하다.

○ 장일(張日)(月): 기조·매장·혼인·출행·취임 등 모든 행사에 길하다.

○ 익일(翼日)(火): 오직 매장에만 길하고 여타의 일에는 불리하다.

○ 진일(軫日)(水): 건축(建築)·조선(造船)·제의(裁衣)·안장(安葬) 등에 모두 길하다.

위 28성숙(星宿)은 자기의 본명납음오행(本命納音五行)과 상생(相生)이 되거나 또는 극제(剋制)를 하면 유리하다. 통상 구직(求職)에는 본명(本命)을 생(生)하는 날이 좋고 구재(求財)에는 본명이 극제를 해야 유리하며 구혼(求婚)에는 본명과 비화(比和)되어야 하고 장사(葬事)에는 본명의 왕상(旺相)일을 가림이 좋다. 그리고 성조(成造)나 매장(埋葬)에 있어서 흉한 숙성(宿星)을 만났을지라도 그 흉한 숙성이 절(絶)이나 사궁(死宮)에 들어 무기(無氣)하면 재앙이 되지 않아 해(害)가 없다고 한다.

옛 칠살시(七殺時)에 이르기를 「각항규루 귀우성(角亢奎婁鬼牛星)」은 칠살숙성(七殺宿星)이라 만일 이날을 가리지 못하고 범하게 되면 출전한 군사는 돌아오지 못하고(出軍便是不回兵) 배를 타고 멀리 가게되면 파선(破船)이 되어 물에 빠지고(行船定破遭沈溺) 또한 20세미만에 형액(刑厄)을 당하는 수도 있다.(爲官未滿亦遭刑) 그리고 이날에 혼을을 하거나 새로 집을 짓게되면(婚姻起造逢此日) 3년을 못가서 집안에 곡성(哭聲)이 난다.(不過閏年見哭聲) 세상 사람들이 칠살일(七殺日)을 피할 줄 알면 상(商)·공(工)·사(士)·농(農) 모두가 영화로우리라(商工士農盡登榮) 하였다.

다시 이 28숙성(宿星)의 길흉을 요약하면 다음과 같다.

○ 익자실미(翼觜室尾)는 화숙성(火宿星)이 되어 매장(埋葬)에는 길해도 조작(造作)에는 흉하여 재앙이 따른다고 한다.

○ 성묘허방(星昴虛房)은 기쁨을 주는 숙성(宿星)이라 제반 행사에 널리 통용된다. 그러나 다만 매장(埋葬)에는 불길한 것으로 본다.

○ 장필위심(張畢危心)도 기쁨을 주는 희숙성(喜宿星)이 되어 기조(起造)·매장(埋葬)·경영(經營) 등에 대길하다고 한다.

○ 진삼기벽(軫參箕壁)은 약숙성(弱宿星)이 되어서 뜻하지 않은 사기 같은 것을 당할 위험 수가 있다.

○ 유위여저(柳胃女氐)는 원숙성(怨宿星)이 되어서 관공서(官公署)와 연관된 일에는 크게 이롭지 못한 것으로 본다.

○ 귀루우항(鬼婁牛亢)은 왕성한 숙성이라 정벌(征伐)에는 그 기세가 가장 고강(高強)한 것으로 본다.

○ 정두규각(井斗奎角)은 문명(文明)의 별이 되어 구직(求職)·구명(求名) 등에는 대길하다. 그리고 대체로 수(水) 숙성(宿星)은 극히 흉하니 사용하지 않는 것이 좋고 금(金) 숙성은 일진(日辰)에서 술(戌)을 만나면 반드시 흉하다고 한다.

이상과 같이 건제(建除) 12신(神)과 28숙성(宿星)의 길흉도 중요하지만 월가(月家) 길흉신 등 기타의 다른 법도 십분 상고하여 그 길흉신의 경중에 따라 택일이 되어야 한다는 것을 강조한다.

제4장 혼인택일(婚姻擇日)

1. 혼인(婚姻) 해(年)를 가리는 법

생년 구분	쥐띠 (子)	소띠 (丑)	범띠 (寅)	토끼띠 (卯)	용띠 (辰)	뱀띠 (巳)	말띠 (午)	양띠 (未)	잔나비띠 (申)	닭띠 (酉)	개띠 (戌)	돼지띠 (亥)
남혼흉년 (男婚凶年)	미 (未)	신 (申)	유 (酉)	술 (戌)	해 (亥)	자 (子)	축 (丑)	인 (寅)	묘 (卯)	진 (辰)	사 (巳)	오 (午)
여혼흉년 (女婚凶年)	묘 (卯)	인 (寅)	축 (丑)	자 (子)	해 (亥)	술 (戌)	유 (酉)	신 (申)	미 (未)	오 (午)	사 (巳)	진 (辰)

혼인 흉년에는 남녀 다같이 결혼하는 것을 꺼린다. 만일 혼인 흉년에 결혼을 하게 되면 부부의 금슬이 단락하지 못하고 재운(財運)과 자녀운(子女運)도 불리하며 심지어는 이별수까지 따른다고 한다. 만일 부득이 결혼을 하게 될 경우에는 반드시 다음 가취월(嫁娶月) 중에서 대리월(大利月)을 가려 결혼식을 올리면 무방하다.

예를 들면 남자가 자년생(子年生) 쥐띠일 경우 미년(未年)이 흉년(凶年)이고, 여자가 자년생(子年生) 쥐띠이면 묘년(卯年)이 흉년이다.

2. 혼인 달(月)을 가리는 법

가취월(嫁娶月)

구분 \ 여자생년	자·오 (子午)	축·미 (丑未)	인·신 (寅申)	묘·유 (卯酉)	진·술 (辰戌)	사·해 (巳亥)	적 요
대리월 (大利月)	6·12 월	5·11 월	2·8 월	1·7 월	4·10 월	3·9 월	대길한 달이다
방메씨 (妨媒氏)	1·7 월	4·10 월	3·9 월	6·12 월	5·11 월	2·8 월	대체로 무방함
방옹고 (妨翁姑)	2·8 월	3·9 월	4·10 월	5·11 월	6·12 월	1·7 월	시부모가 없으 면 무방하다
방녀부모 (妨女父母)	3·9 월	2·8 월	5·11 월	4·10 월	1·7 월	6·12 월	친정부모가 없 으면 무방하다
방부주 (妨夫主)	4·10 월	1·7 월	6·12 월	3·9 월	2·8 월	5·11 월	신랑에게 해가 되어 흉하다
방녀신 (妨女身)	5·11 월	6·12 월	1·7 월	2·8 월	3·9 월	4·10 월	신부에게 해가 되어 흉하다

  가취월은 여자의 생년으로만 보며 그 해 달(月)의 길
흉을 보는데 특히 방부주(妨夫主)와 방녀신(妨女身)월에
는 결혼하지 않는 것이 좋다. 예를 들면 자년생(子年生)
쥐띠와 오년생(午年生) 말띠의 경우 6월과 12월은 대리
월(大利月)이라 대길하고, 4월과 10월은 방부주(妨夫主)
월이고 5월과 11월은 방녀신(妨女身)월이라 남녀에게 해
가되어 흉하다. 그 외에는 적의 변통하여 결혼해도 무방
하다.

(1) 살부대기월(殺夫大忌月)

생년 (生年)	자 (子)	축 (丑)	인 (寅)	묘 (卯)	진 (辰)	사 (巳)	오 (午)	미 (未)	신 (申)	유 (酉)	술 (戌)	해 (亥)
기월 (忌月)	1·2 월	4 월	7 월	12 월	4 월	5 월	8·12 월	6·7 월	6·7 월	8 월	12 월	7·8 월

　살부대기월도 여자의 생년(生年)을 기준하여 보는데
이 살월(殺月)을 범(犯)하게 되면 여자는 남편과 이별을
하거나 아니면 독수 공방(獨守空房)을 하게 된다 하여
크게 꺼린다.

3. 혼인(婚姻)에 좋은 길신일(吉神日)

(1) 납징정친일(納徵定親日)

을축 (乙丑)	병인 (丙寅)	정묘 (丁卯)	신미 (辛未)	무인 (戊寅)	기묘 (己卯)	경진 (庚辰)	병술 (丙戌)	무자 (戊子)	기축 (己丑)
임진 (壬辰)	계사 (癸巳)	을미 (乙未)	무술 (戊戌)	신축 (辛丑)	임인 (壬寅)	계묘 (癸卯)	갑진 (甲辰)	병오 (丙午)	정미 (丁未)
경술 (庚戌)	임자 (壬子)	계축 (癸丑)	갑인 (甲寅)	을묘 (乙卯)	병진 (丙辰)	정사 (丁巳)	무오 (戊午)	기미 (己未)	

　이 「납징정친일」은 60갑자와 각 길신 중에서 혼사(婚
事)에 속한 모든 행사에 가장 좋은 일진(日辰)을 가린
날이다. 이 「납징정친일」과 각 길신(吉神)및 길일(吉日)
을 함께 겸하게 하면 더욱 좋은 날이 된다.

(2) 축월(逐月) 음양부장길일(陰陽不將吉日)

월별 (月別)	일 진(日辰)
1월	병인 정묘 병자 정축 기묘 기축 경인 신묘 경자 신축 (丙寅)(丁卯)(丙子)(丁丑)(己卯)(己丑)(庚寅)(辛卯)(庚子)(辛丑)
2월	을축 병인 병자 정축 병술 무자 기축 경인 무술 경자 경술 (乙丑)(丙寅)(丙子)(丁丑)(丙戌)(戊子)(己丑)(庚寅)(戊戌)(庚子)(庚戌)
3월	갑자 을축 갑술 병자 정축 을유 병술 무자 기축 정유 무술 기유 (甲子)(乙丑)(甲戌)(丙子)(丁丑)(乙酉)(丙戌)(戊子)(己丑)(丁酉)(戊戌)(己酉)
4월	갑자 갑술 병자 갑신 을유 병술 무자 병신 정유 무술 무신 (甲子)(甲戌)(丙子)(甲申)(乙酉)(丙戌)(戊子)(丙申)(丁酉)(戊戌)(戊申)
5월	계유 갑술 계미 갑신 을유 병술 을미 병신 무술 무신 계해 (癸酉)(甲戌)(癸未)(甲申)(乙酉)(丙戌)(乙未)(丙申)(戊戌)(戊申)(癸亥)
6월	임신 계유 임오 계미 갑신 을유 갑오 을미 무술 무신 무오 임술 (壬申)(癸酉)(壬午)(癸未)(甲申)(乙酉)(甲午)(乙未)(戊戌)(戊申)(戊午)(壬戌)
7월	임신 계유 임오 계미 갑신 을유 계사 갑오 을미 을사 무신 무오 (壬申)(癸酉)(壬午)(癸未)(甲申)(乙酉)(癸巳)(甲午)(乙未)(乙巳)(戊申)(戊午)
8월	무진 신미 임신 신사 임오 계미 갑신 임진 계사 갑오 갑진 무신 무오 (戊辰)(辛未)(壬申)(辛巳)(壬午)(癸未)(甲申)(壬辰)(癸巳)(甲午)(甲辰)(戊申)(戊午)
9월	무진 경오 신미 경진 신사 임오 계미 신묘 임진 계사 계묘 무오 (戊辰)(庚午)(辛未)(庚辰)(辛巳)(壬午)(癸未)(辛卯)(壬辰)(癸巳)(癸卯)(戊午)
10월	기사 경오 기묘 경진 신사 임오 경인 신묘 임진 계사 임인 계묘 (己巳)(庚午)(己卯)(庚辰)(辛巳)(壬午)(庚寅)(辛卯)(壬辰)(癸巳)(壬寅)(癸卯)
11월	정묘 기사 정축 기묘 경진 신사 기축 경인 신묘 임진 신축 임인 정사 (丁卯)(己巳)(丁丑)(己卯)(庚辰)(辛巳)(己丑)(庚寅)(辛卯)(壬辰)(辛丑)(壬寅)(丁巳)
12월	병인 정묘 병자 정축 기묘 경진 기축 경인 신묘 경자 신축 병진 (丙寅)(丁卯)(丙子)(丁丑)(己卯)(庚辰)(己丑)(庚寅)(辛卯)(庚子)(辛丑)(丙辰)

이 「음양부장길일」은 혼사에서 제일 좋은 날로 친다. 다만, 남녀본명(男女本命)의 화해(禍害)·절명(絶命)이 든날과 「혼인총기일(婚姻總忌日)」을 피하고 오합(五合)·천덕(天德)·월덕(月德)·황도(黃道)·생갑(生甲)·천은(天恩)·모창(母倉)·천사(天赦)·대명(大明)·십전대길일(十全大吉日) 등 길신(吉神) 중에서 2~3개 이상 중첩이 되도록 해서 가리면 가장 좋은 날이 된다고 본다.

(3) 오합일(五合日)

갑인·을모일 (甲寅乙卯日)	일월합 (日月合)	병인·정묘일 (丙寅丁卯日)	음양합 (陰陽合)
경인·신묘일 (庚寅辛卯日)	금석합 (金石合)	임인·계묘일 (壬寅癸卯日)	강하합 (江河合)
무인·기묘일 (戊寅己卯日)	인민합 (人民合)		

이 「오합일」은 월기(月忌)·월살(月殺)·십악(十惡)·사갑(死甲) 등의 흉살(凶殺)을 제화(制化)하고 음양부장길일(陰陽不將吉日)과 합이 되면 가장 좋은 영세대길일(永世大吉日)이 된다고 한다.

(4) 십전대길일(十全大吉日)

을축 (乙丑)	정묘 (丁卯)	병자 (丙子)	정축 (丁丑)	기축 (己丑)	신묘 (辛卯)	계묘 (癸卯)	을사 (乙巳)	임자 (壬子)	계축 (癸丑)

이상 10일을 십전대길일(十全大吉日)이라 칭하며 이는
부장길일(不將吉日) 다음가는 좋은 날로 친다.

⑸ 통용길일(通用吉日)

경인 (庚寅)	계사 (癸巳)	임오 (壬午)	을미 (乙未)	병진 (丙辰)	신유 (辛酉)

이상 6일은 십전대길일(十全大吉日) 다음가는 통용길
일(通用吉日)이다. 부장길일이 흉살을 만나거나 화해(禍
害)·절명(絶命)일을 범하여 마땅치 못하면 통용길일을
사용하되 천덕(天德) 등 길신(吉神)과 합덕(合德)이 되
도록 가려서 쓰면 더욱 좋다.

⑹ 사계길일(四季吉日)

봄(春)	을축 (乙丑)	병자 (丙子)	정축 (丁丑)	임오 (壬午)	기축 (己丑)	을미 (乙未)	임자 (壬子)	계축 (癸丑)		
여름(夏)	을축 (乙丑)	정묘 (丁卯)	기축 (己丑)	계사 (癸巳)	을미 (乙未)	계묘 (癸卯)	을사 (乙巳)	을묘 (乙卯)		
가을(秋)	병자 (丙子)	정축 (丁丑)	임오 (壬午)	신묘 (辛卯)	계사 (癸巳)	을미 (乙未)	계묘 (癸卯)	을사 (乙巳)	임자 (壬子)	계축 (癸丑)
겨울(冬)	정묘 (丁卯)	계사 (癸巳)	신묘 (辛卯)	계묘 (癸卯)	을사 (乙巳)	을묘 (乙卯)				

⑺ 사대길일(四大吉日)

○ 천은상길일(天恩上吉日)

갑자 (甲子)	을축 (乙丑)	병인 (丙寅)	정묘 (丁卯)	무진 (戊辰)	기묘 (己卯)	경진 (庚辰)	신사 (辛巳)	임오 (壬午)	계미 (癸未)
기유 (己酉)	경술 (庚戌)	신해 (辛亥)	임자 (壬子)	계축 (癸丑)					

○ 모창상길일(母倉上吉日)

봄(春)	여름(夏)	가을(秋)	겨울(冬)
해·자일 (亥 子日)	인·묘일 (寅 卯日)	진·술·축·미일 (辰 戌 丑 未日)	신·유일 (申 酉日)

○ 대명상길일(大明上吉日)

신미 (辛未)	임신 (壬申)	계유 (癸酉)	정축 (丁丑)	기묘 (己卯)	임오 (壬午)	갑신 (甲申)	정해 (丁亥)	임진 (壬辰)	을미 (乙未)
임인 (壬寅)	갑진 (甲辰)	을사 (乙巳)	병오 (丙午)	기유 (己酉)	경술 (庚戌)	신해 (辛亥)			

○ 천사상길일(天赦上吉日)

봄(春)	여름(夏)	가을(秋)	겨울(冬)
무인일 (戊寅日)	갑오일 (甲午日)	무신일 (戊申日)	갑자일 (甲子日)

사계길일(四季吉日)과 사대길일(四大吉日)은 혼사뿐 아니라 제반 행사에 모두 통용되는 좋은 날이다.

(8) 생갑(生甲)·병갑(病甲)·사갑(死甲) 정국표

연지 (年支)	생갑순 (生甲旬)	병갑순 (病甲旬)	사갑순 (死甲旬)
자·오·묘·유 (子 午 卯 酉)	갑자~갑오 (甲子)(甲午)	갑인~갑신 (甲寅)(甲申)	갑진~갑술 (甲辰)(甲戌)
진·술·축·미 (辰 戌 丑 未)	갑진~갑술 (甲辰)(甲戌)	갑자~갑오 (甲子)(甲午)	갑인~갑신 (甲寅)(甲申)
인·신·사·해 (寅 申 巳 亥)	갑인~갑신 (甲寅)(甲申)	갑진~갑술 (甲辰)(甲戌)	갑자~갑오 (甲子)(甲午)

이 법은 제2장 「각신정국(各神定局)」에 수록되었지만 편의상 재수록한다. 「생갑순」은 길(吉)하고 「병갑순」은 평중(平中)하며 「사갑순(死甲旬)」은 불길하다.

(9) 황도정국(黃道定局)

1·7월	2·8월	3·9월
자·축·진·사·미·술 (子 丑 辰 巳 未 戌)	자·인·묘·오·미·유 (子 寅 卯 午 未 酉)	인·진·사·신·유·해 (寅 辰 巳 申 酉 亥)
4·10월	**5·11월**	**6·12월**
축·진·오·미·술·해 (丑 辰 午 未 戌 亥)	자·축·묘·오·신·유 (子 丑 卯 午 申 酉)	인·묘·사·신·술·해 (寅 卯 巳 申 戌 亥)

이 황도(黃道)는 천강(天罡)·하괴(河魁)·복단(伏斷)일 등 흉신을 제화(制化)하는 길신이다. 역시 앞에서 수록하였지만 여기서는 흑도일(黑道日)을 제외한「황도일」만 수록한다. 그리고 이 황도일도 다른 길일과 겸하면 더욱 좋은 날이 되니 택일을 할 때에는 먼저 황도일 중에서 길일을 가리는 것이 가장 좋다.

⑽ 천·월 덕합(天月德合)

구분＼월별	1	2	3	4	5	6	7	8	9	10	11	12
천덕 (天德)	정 (丁)	신 (申)	임 (壬)	신 (辛)	해 (亥)	갑 (甲)	계 (癸)	인 (寅)	병 (丙)	을 (乙)	사 (巳)	경 (庚)
천덕합 (天德合)	임 (壬)	사 (巳)	정 (丁)	병 (丙)	인 (寅)	기 (己)	무 (戊)	해 (亥)	신 (辛)	경 (庚)	신 (申)	을 (乙)
월덕 (月德)	병 (丙)	갑 (甲)	임 (壬)	경 (庚)	병 (丙)	갑 (甲)	임 (壬)	경 (庚)	병 (丙)	갑 (甲)	병 (丙)	경 (庚)
월덕합 (月德合)	신 (辛)	기 (己)	정 (丁)	을 (乙)	신 (辛)	기 (己)	정 (丁)	을 (乙)	신 (辛)	기 (己)	정 (丁)	을 (乙)

이 천·월덕도 다른 길일과 겸하면 더욱 대길한 좋은 날이 된다.

⑾ 송례천복길일(送禮天福吉日)

기묘 (己卯)	경인 (庚寅)	신묘 (辛卯)	임진 (壬辰)	계사 (癸巳)	기해 (己亥)	경자 (庚子)	신축 (辛丑)	을사 (乙巳)	정사 (丁巳)	경신 (庚申)

116

이날은 사주(四柱)나 예물(禮物) 등을 보내는데 쓰는 좋은 날이다. 또한 약혼식도 이날을 가려서 사용하면 좋다.

(12) 관병일(冠笲日)

갑자 (甲子)	병인 (丙寅)	정묘 (丁卯)	무진 (戊辰)	신미 (辛未)	임신 (壬申)	병자 (丙子)	무인 (戊寅)	임오 (壬午)	병술 (丙戌)
신묘 (辛卯)	임진 (壬辰)	계사 (癸巳)	갑오 (甲午)	병신 (丙申)	계묘 (癸卯)	갑진 (甲辰)	을사 (乙巳)	병오 (丙午)	정미 (丁未)
경술 (庚戌)	갑인 (甲寅)	을묘 (乙卯)	정사 (丁巳)	신유 (辛酉)	임술 (壬戌)	천덕 (天德)	월덕 (月德)	천은 (天恩)	사상 (四相)
월은 (月恩)	생기 (生氣)	천의 (天醫)	복덕 (福德)	천희 (天喜)	성일 (成日)	정일 (定日)			

※ 단 8월 정일(定日)은 쓰지 않는다.

옛날에는 이날에 남녀가 관례(冠禮: 지금의 성인식)을 올리는데 사용했던 날이다. 현대에서는 약혼식을 「관례」로 보는 것이 타당할 것이다. 그러므로 약혼식을 올리려면 이날을 가려서 사용하면 더욱 좋다.

4. 혼인(婚姻)에 꺼리는 흉신일(凶神日)

(1) 고신과숙살(孤辰寡宿殺)

해·자·축생 (亥子丑生)	인·묘·진생 (寅卯辰生)	사·오·미생 (巳午未生)	신·유·술생 (申酉戌生)
인·술일 (寅戌日)	사·축일 (巳丑日)	신·진일 (申辰日)	해·미일 (亥未日)

「고신과숙살」도 여자의 생년을 기준하여 일진(日辰)을 가린다. 위와 같이 고신과숙일을 범하게 되면 외롭게 독수 공방을 한다고 하여 크게 꺼린다.

(2) 가취 대흉일(嫁娶大凶日)

봄(春)	여름(夏)	가을(秋)	겨울(冬)	1, 5, 9월	2, 6, 10월	3, 7, 11월	4, 8, 12월
갑자·을축 (甲子·乙丑)	병자·정축 (丙子·丁丑)	경자·신축 (庚子·辛丑)	임자·계축 (壬子·癸丑)	경일 (庚日)	을일 (乙日)	병일 (丙日)	계일 (癸日)

이 가취 대흉일은 사계절과 월에서 가리는데 예를 들면 봄에는 갑자(甲子)·을축(乙丑)일을 꺼리고 1, 5, 9월에는 경일(庚日)을 각각 흉일로 친다.

⑶ 상부상처살(喪夫喪妻殺)

춘삼월(春三月)	병오·정미일 (丙午·丁未日)	상처살 (喪妻殺)
동삼월(冬三月)	임자·계해일 (壬子·癸亥日)	상부살 (喪夫殺)

이날에 결혼을 하면 상부·상처하기가 쉽다고 하는 흉신일(凶神日)이니 가급적 피하는게 좋다.

⑷ 혼인총기일(婚姻總忌日)

월압 (月厭)	월파 (月破)	월기 (月忌)	압대 (厭對)	화해 (禍害)	절명 (絶命)	월해 (月害)
홍사 (紅紗)	피마 (披麻)	천적 (天賊)	수사 (受死)	월살 (月殺)	십악 (十惡)	복단 (伏斷)
천강 (天罡)	하괴 (河魁)	사갑순 (死甲旬)	동지 (冬至)	하지 (夏至)	단오 (端午)	4월8일
※ 매월 해일(亥日)과 남녀 본명일(本命日): 자기의 생년과 일진이 같은 날						

위의 흉신일(凶神日)은 혼인에서 모두 꺼리는 흉일이니 피하는게 좋다. 그러나 다만 월살(月殺)·월기(月忌)·십악(十惡)·사갑순(死甲旬)일은 비록 흉일이기는 하나 오합일(五合日)이 될 경우에는 가용해도 무방하고, 천강(天罡)과 하괴(河魁) 복단(伏斷)일도 황도일(黃道日)을 겸하게 되면 역시 가용해도 무해한 것으로 본다.

⑸ 총기일(總忌日) 정국표(定局表)

흉살＼월별	1월	2월	3월	4월	5월	6월	7월	8월	9월	10월	11월	12월
천강 (天罡)	사 (巳)	자 (子)	미 (未)	인 (寅)	유 (酉)	진 (辰)	해 (亥)	오 (午)	축 (丑)	신 (申)	묘 (卯)	술 (戌)
하괴 (河魁)	해 (亥)	오 (午)	축 (丑)	신 (申)	묘 (卯)	술 (戌)	사 (巳)	자 (子)	미 (未)	인 (寅)	유 (酉)	진 (辰)
천적 (天賊)	진 (辰)	유 (酉)	인 (寅)	미 (未)	자 (子)	사 (巳)	술 (戌)	묘 (卯)	신 (申)	축 (丑)	오 (午)	해 (亥)
홍사 (紅紗)	유 (酉)	사 (巳)	축 (丑)	유 (酉)	사 (巳)	축 (丑)	유 (酉)	사 (巳)	축 (丑)	유 (酉)	사 (巳)	축 (丑)
피마 (披麻)	자 (子)	유 (酉)	오 (午)	묘 (卯)	자 (子)	유 (酉)	오 (午)	묘 (卯)	자 (子)	유 (酉)	오 (午)	묘 (卯)
수사 (受死)	술 (戌)	진 (辰)	해 (亥)	사 (巳)	자 (子)	오 (午)	축 (丑)	미 (未)	인 (寅)	신 (申)	묘 (卯)	유 (酉)
월살 (月殺)	축 (丑)	술 (戌)	미 (未)	진 (辰)	축 (丑)	술 (戌)	미 (未)	진 (辰)	축 (丑)	술 (戌)	미 (未)	진 (辰)
월파 (月破)	신 (申)	유 (酉)	술 (戌)	해 (亥)	자 (子)	축 (丑)	인 (寅)	묘 (卯)	진 (辰)	사 (巳)	오 (午)	미 (未)
월압 (月厭)	술 (戌)	유 (酉)	신 (申)	미 (未)	오 (午)	사 (巳)	진 (辰)	묘 (卯)	인 (寅)	축 (丑)	자 (子)	해 (亥)
압대 (壓對)	진 (辰)	묘 (卯)	인 (寅)	축 (丑)	자 (子)	해 (亥)	술 (戌)	유 (酉)	신 (申)	미 (未)	오 (午)	사 (巳)

120

(6) 월기일(月忌日)

매월 5일, 14일, 23일

(7) 십악일(十惡日)

갑기년 (甲己年)	3월: 무술 (戊戌)일	7월: 계해 (癸亥)일	10월: 병신 (丙申)일	11월: 정해 (丁亥)일
을경년 (乙庚年)	4월: 임신 (壬申)일	9월: 을사 (乙巳)일		
병신년 (丙辛年)	3월: 신사 (辛巳)일	9월: 경진 (庚辰)일		
무계년 (戊癸年)	6월: 축 (丑)일			
정임년 (丁壬年)	해당없음			

(8) 복단일(伏斷日)

각 (角)	방 (房)	기 (箕)	두 (斗)	여 (女)	허 (虛)	실 (室)	벽 (壁)	위 (胃)	자 (觜)	귀 (鬼)	장 (張)
오 (午)	사 (巳)	진 (辰)	축 (丑)	묘 (卯)	자 (子)	인 (寅)	해 (亥)	술 (戌)	유 (酉)	신 (申)	미 (未)

보기 각성(角星)이 오(午)일을 만나거나 방숙성(房宿星)이 사(巳)일을 만나는 것 등이다.

5. 주당법(周堂法)

혼인택일(婚姻擇日)에 있어서는 이 주당법도 같이 참작한다.

⑴ 혼인주당(婚姻周堂)

주 (廚)	부 (夫)	고 (姑)
부 (婦)		당 (堂)
조 (竈)	제 (第)	옹 (翁)

혼인하는 달(月)이 크면(30일) 부(夫)에서 1일을 붙여 우측 「고(姑)」 시계방향으로 순행(順行)하고, 달(月)이 적으면(29일) 「부(婦)」에서 1일을 붙여 「조(竈)」로 역행(逆行)하는데 혼인 당일에 이르는 곳이 곧 주당(周堂)이 된다. 이 때 부(夫)와 부(婦)에 닿게 되면 혼인을 꺼린다. 그리고 옹(翁)일에는 시아버지가 없으면 무방하고 고(姑)일에는 시어머니가 없으면 무방하다. 그런데 시부모가 있으면서 「옹」·「고」일에 주당이 닿게 되면 현대 신식 결혼식에서는 신랑·신부가 먼저 입장한 다음 시부모가 늦게 입석하면 무방하고 구식 결혼이면 대례시(大禮時) 불참하면 무해하다고 한다.

⑵ 신행주당(新行周堂)

당 (堂)	상 (狀)	사 (死)
조 (竈)		수 (睡)
주 (廚)	로 (路)	문 (門)

이는 신행일에 보는 주당이다. 달(月)이 크면(30일) 「조(竈)」에서 1일을 붙여 「당(堂)」으로 순행(順行)하여 신행 당일까지 짚어가고, 달(月)이 적으면(29일) 「주(廚)」에서 1일을 붙여 「로(路)」로 역행(逆行)하여 신행일까지 짚어가는데 그 머무르는 곳이 곧 주당이다. 이 때 사(死), 수(睡), 주(廚), 조(竈)에 주당이 닿게 되면 길일(吉日)로 친다.

6. 신부좌향길방(新婦坐向吉方)

갑기일 (甲己日)	을경일 (乙庚日)	병신일 (丙辛日)	정임일 (丁壬日)	무계일 (戊癸日)
동북향 (東北向)	서남향 (西北向)	서남향 (西南向)	정남향 (正南向)	동남향 (東南向)

이는 신부가 결혼식을 마치고 신랑집에 처음와서 앉을 자리를 정할 때 보는 방위이다. 「갑기일」은 동북향(東北向)이 좋고 「을경일」은 서북향(西北向)이 길방이다. 이와 같은 방법으로 보면 된다.

7. 택일(擇日) 요령과 길신(吉神) 선택법

먼저 생년(生年)에 맞추어 해(年)를 가린 다음 가취월 (嫁娶月) 중에서 대리월(大利月)이나 기타 무방한 달 (月)을 선택하여 그 달(月)에 해당되는 길신(吉神)을 음 양부장길일(陰陽不將吉日), 십전대길일(十全大吉日), 납 징정친일(納徵定親日), 사대길일(四大吉日: 천은(天恩) ·대명(大明)·천사(天赦)·모창(母倉), 오합일(五合日) 등에서 가리고 생기법(生氣法)에 이르는 화해(禍害), 절 명일(絶命日)을 제외한 좋은 일진(日辰)을 가려낸다.

다음에는 음양부장길일(陰陽不將吉日)과 천덕(天德)· 월덕(月德) 가운데서 하나를 택하고 황도일(黃道日)과 겸하도록 일진(日辰)을 가리면 최상의 길일(吉日)이 된 다. 이 때 혼인총기일(婚姻總忌日)을 피하는데 있어서 제살(制殺)이 되면 가용해도 무방하다. 다만 이와 같은 택일에서 「음양부장길일」이 「화해」·「절명」이나 혼인에 꺼리는 흉신일(凶神日) 즉, 고신과숙살(孤辰寡宿殺)·가 취대흉일(嫁娶大凶日)·상부상처살(喪夫喪妻殺)·월기일 (月忌日)·십악일(十惡日) 등을 범하여 마땅치 않으면 통용길일(通用吉日) 중에서 역시 「화해」·「절명」 및 「혼 인총기일」을 범하지 않는 일진을 가려서 「천덕」이나 「월 덕」 중 하나를 취하고 「황도일」을 겸하되 「사갑순」을 피 하면 좋은 날이 된다.

또한 같은 방법에서 「음양부장길일」과 「십전대길일」도

적합치 않을 때는「천덕」·「월덕」등 두 개 이상의 길일과「사대길일」(천창·모창·대명·천사) 중에서 두 개 이상의 길신이나 기타의 길신이 여러 개 겸하도록 해서 사용해도 좋은 날이 된다.

특히 촉박한 시일 관계로 부득이한 사정이 있을 때는 오직「화해」·「절명」일과「혼인총기일」만을 피하고 기타의 다른 길신 두 개 이상만 겸하도록 해서 사용해도 무방하다.

제5장 이사택일(移徙擇日)

1. 이사방위

　이사도 좋은 날, 좋은 방위로 잘 가려서 잘하면 쉽게 운기가 열린다고 한다. 특히 셋방살이 하던 사람이라도 좋은 방위로 이사를 자주 잘하면 내집 마련이 남보다 빨라진다고 하니 이사 방위의 영향력을 무시할 수 없다. 그리고 이사는 이사 거리와도 밀접한 관계가 있는데, 가까운 곳에서의 이사는 그 미치는 영향이 미미해도 십리 이상 먼곳이 되면 그 미치는 영향력도 대단히 크다고 한다.

　방위학상 이사는 만인 공통의 길흉방위와 개인별 길흉방위로 구분 하는데, 만인공통의 길흉방위는 해마다 발행되는 대한민력(大韓民曆) 뒤표지 안쪽의 연신방위도(年神方位圖)에 명시되어 있으니 이를 참고하기 바란다.

2. 만인공통 길흉방위

⑴ 오황살방(五黃殺方)

이는 오황토성(五黃土星)이 있는 방위로서 흉방이다. 오황살(五黃殺) 방위로 이사를 하면 좋은 일은 안 생기고 스스로 일으키는 잘못으로 나쁜 일만 생긴다고 한다.

⑵ 암검살방(暗劍殺方)

오황살방위의 반대 방위로서 타동적(他動的)인 피해를 입기가 쉽다는 흉방으로 친다.

⑶ 세파방(歲破方)

당해년도 지지(地支)와 상충(相冲)이 되는 방위로서 역시 불리한 흉방으로 보고 있다.

⑷ 월파방(月破方)

이사 가는 달의 월지(月支)와 상충(相冲)이 되는 방위로서 역시 꺼린다. 이는 세파(歲破)의 12분의 1 정도의 나쁜 영향이 미친다고 본다.

⑸ 세덕방(歲德方)

연간 (年干)	갑 (甲)	을 (乙)	병 (丙)	정 (丁)	무 (戊)	기 (己)	경 (庚)	신 (辛)	임 (壬)	계 (癸)
방위 (方位)	갑 (甲)	경 (庚)	병 (丙)	임 (壬)	무 (戊)	갑 (甲)	경 (庚)	병 (丙)	임 (壬)	무 (戊)

※ 무(戊)는 중앙토(中央土)라 자기 집으로 간주한다.

이 세덕 방위는 특히 학문·예술 등의 직업을 가진 사람에게 좋다는 길방(吉方)이다. 그러나 개인 본위로 따져서 이중으로 길방일 때 한하여 유효하다.

⑹ 태세방(太歲方)

태세방은 당해년 연지(年支)와 동일한 방위로서 길방(吉方)으로 친다. 예를 들면 자년(子年)에는 북방이 태세방이 되고 오년(午年)에는 남방이 태세방이 된다. 이 역시 당사자 본위로 길방일 때 한해서 유효하다. 그러니까 만인공통방위는 흉방만 영향이 미치는 셈이다.

3. 이사방위 길흉표(吉凶表)

연령 / 구분		천록(天祿)	안손(眼損)	식신(食神)	정파(正破)	오귀(五鬼)	합식(合食)	진귀(進鬼)	관인(官印)	퇴식(退食)
남	1,10,19,28,37,46,55,64,73	동(東)	동남(東南)	중(中)	서북(西北)	서(西)	동북(東北)	남(南)	북(北)	서남(西南)
녀	2,11,20,29,38,47,56,65,74									
남	2,11,20,29,38,47,56,65,74	서남(西南)	동(東)	동남(東南)	중(中)	서북(西北)	서(西)	동북(東北)	남(南)	북(北)
녀	3,12,21,30,39,48,57,66,75									
남	3,12,21,30,39,48,57,66,75	북(北)	서남(西南)	동(東)	동남(東南)	중(中)	서북(西北)	서(西)	동북(東北)	남(南)
녀	4,13,22,31,40,49,58,67,76									
남	4,13,22,31,40,49,58,67,76	남(南)	북(北)	서남(西南)	동(東)	동남(東南)	중(中)	서북(西北)	서(西)	동북(東北)
녀	5,14,23,32,41,50,59,68,77									
남	5,14,23,32,41,50,59,68,77	동북(東北)	남(南)	북(北)	서남(西南)	동(東)	동남(東南)	중(中)	서북(西北)	서(西)
녀	6,15,24,33,42,51,60,69,78									
남	6,15,24,33,42,51,60,69,78	서(西)	동북(東北)	남(南)	북(北)	서남(西南)	동(東)	동남(東南)	중(中)	서북(西北)
녀	7,16,25,34,43,52,61,70,79									
남	7,16,25,34,43,52,61,70,79	서북(西北)	서(西)	동북(東北)	남(南)	북(北)	서남(西南)	동(東)	동남(東南)	중(中)
녀	8,17,26,35,44,53,62,71,80									
남	8,17,26,35,44,53,62,71,80	중(中)	서북(西北)	서(西)	동북(東北)	남(南)	북(北)	서남(西南)	동(東)	동남(東南)
녀	9,18,27,36,45,54,63,72,81									
남	9,18,27,36,45,54,63,72,81	동남(東南)	중(中)	서북(西北)	서(西)	동북(東北)	남(南)	북(北)	서남(西南)	동(東)
녀	10,19,28,37,46,55,64,73,82									

이사 방위에는 9개의 길흉방위(吉凶方位)가 있다. 이는 남녀별 연령에 따라 각각 8개 방위에 길흉신이 자리하고 있는데, 먼저 연신(年神)의 흉방(凶方)보다 당사자의 연령에 맞추어 이사방위를 선정하는 것이 원칙이다. 연신의 흉방이 아니더라도 이사 가는 주인공에게 나쁜 방위가 되면 이롭지 못하다. 그리고 연신의 흉방이라도 당사자에게 좋은 방위이면 무방한 방위라 하겠다.

여기서 많은 식구가 함께 이사를 함에 있어 전 식구에게 길방(吉方)이 적용될 수는 없다. 다만 주 소득자 즉, 가장을 위주로 해서 나쁜 것을 피하고 좋은 것만 취용하면 무난하다.

⑴ 이사방위의 **길흉 설명**

○ 천록방(天祿方)은 재물과 관록(官祿)이 따른다.

○ 안손방(眼損方)은 안질(眼疾)과 손재수가 따른다.

○ 식신방(食神方)은 의식(衣食)이 풍후(豊厚)하다.

○ 징파방(徵破方)은 사업에 실패를 가져온다.

○ 오귀방(五鬼方)은 재앙과 질병이 발생한다.

○ 합식방(合食方)은 재물과 곡식이 늘어난다.

○ 진귀방(進鬼方)은 질병과 우환이 이어진다.

○ 관인방(官印方)은 공직자에게는 승진이 있고 실업자에게는 직장이 생긴다.

○ 퇴식방(退食方)은 재산이 점점 늘지않고 줄어든다는 흉방이다.

4. 이사에 좋은 날(移徙吉日)

(1) 입택귀화일(入宅歸火日)

갑자	을축	병인	정묘	기사	경오	신미	갑술	을해
(甲子)	(乙丑)	(丙寅)	(丁卯)	(己巳)	(庚午)	(辛未)	(甲戌)	(乙亥)
정축	계미	갑신	경인	임진	을미	경자	임인	계묘
(丁丑)	(癸未)	(甲申)	(庚寅)	(壬辰)	(乙未)	(庚子)	(壬寅)	(癸卯)
병오	정미	경술	계축	갑인	을묘	기미	경신	신유
(丙午)	(丁未)	(庚戌)	(癸丑)	(甲寅)	(乙卯)	(己未)	(庚申)	(辛酉)
천덕	월덕	천덕합	월덕합	천은	황도	모창상길일		
(天德)	(月德)	(天德合)	(月德合)	(天恩)	(黃道)	(母倉上吉日)		
만	성	개일	역마일					
(滿)	(成)	(開日)	(驛馬日)					

이 「입택귀화일」은 새로 지은 집에 처음 입주할 때 쓰는 좋은 날이 되어 통상 이삿날에도 통용된다. 이 때 먼저 상고할 사항은 남녀본명(男女本命)에서 생기(生氣)·복덕(福德)·천의(天宜)의 궁합이 되면 대길하니 가려서 쓰고, 화해(禍害)·절명(絶命)이면 대흉하니 피해야 한다. 그리고 귀기(歸忌)·복단(伏斷)·수사(受死)·천적(天賊)·가주본명일(家主本命日: 가주의 생년과 같은 일진일)과 정충일(正冲日)·건(建)·파(破)·평(平)·수일(收日) 등은 모두 꺼리는 날이다.

⑵ 이거길일(移居吉日)

갑자 (甲子)	을축 (乙丑)	병인 (丙寅)	경오 (庚午)	정축 (丁丑)	을유 (乙酉)	경인 (庚寅)	임진 (壬辰)
계사 (癸巳)	을미 (乙未)	임인 (壬寅)	계묘 (癸卯)	병오 (丙午)	경술 (庚戌)	계축 (癸丑)	을묘 (乙卯)
병진 (丙辰)	정사 (丁巳)	기미 (己未)	경신 (庚申)	역마 (驛馬)	월은 (月恩)	사상 (四相)	

위의 일진(日辰)일도 이사에 좋은 날이 되어 「입택귀화일」과 같이 통용되고 있다. 단 수사(受死)·복단(伏斷)·로일(牢日)·옥일(獄日)·왕망(往亡)·귀기(歸忌)·천적(天賊)·파(破)·평(平)·수(收)·폐일(閉日)·복단일(伏斷日)·본명(本命)과 상충(相沖)되는 날 등은 꺼린다.

⑶ 분가산길일(分家産吉日)

1월	기묘 (己卯)	임오 (壬午)	계묘 (癸卯)	병오 (丙午)		2월	기유 (己酉)	신미 (辛未)	계미 (癸未)	을미 (乙未)	기해 (己亥)	기미 (己未)
3월	신묘 (辛卯)	경자 (庚子)	계묘 (癸卯)			4월	좋은 날이 없음					
5월	신미 (辛未)	경진 (庚辰)	기미 (己未)	갑진 (甲辰)	무진 (戊辰)	6월	을해 (乙亥)	기묘 (己卯)	신묘 (辛卯)	기해 (己亥)	계묘 (癸卯)	
7월	병진 (丙辰)	경진 (庚辰)	무진 (戊辰)	임진 (壬辰)		8월	을축 (乙丑)	을사 (乙巳)	갑술 (甲戌)	을해 (乙亥)	기해 (己亥)	경신 (庚申)
9월	경오 (庚午)	임오 (壬午)	무자 (戊子)	경자 (庚子)		10월	갑자 (甲子)	병자 (丙子)	무자 (戊子)	경자 (庚子)		
11월	을축 (乙丑)	을해 (乙亥)	정축 (丁丑)	기축 (己丑)	계축 (癸丑)	12월	신묘 (辛卯)	계묘 (癸卯)	경신 (庚申)	을묘 (乙卯)	임신 (壬申)	

위의 일진일은 분가할 때 쓰는 좋은 날이다.

⑷ 신가입택길일(新家入宅吉日)

갑자	을축	경자	계축	경인	무진	계사	경오	계유
(甲子)	(乙丑)	(庚子)	(癸丑)	(庚寅)	(戊辰)	(癸巳)	(庚午)	(癸酉)

새로 지은 집에 처음 입주할 때 쓰는 좋은 날이다. 이
날은 만사에 널리 통용되는 길일이다.

⑸ 구옥입택길일(舊屋入宅吉日)

춘(春)삼개월	하(夏)삼개월	추(秋)삼개월	동(冬)삼개월
갑인일(甲寅日)	병인일(丙寅日)	경인일(庚寅日)	임인일(壬寅日)

이날은 아주 오래된 고가에 입주할 때 쓰는 좋은 날이다.

⑹ 인동일(人動日)과 인격일(人隔日)

인동일 (人動日)	매월: 3일, 8일, 10일, 13일, 18일, 23일, 24일
인격일 (人隔日)	1 · 7월: 유일(酉日)　　2 · 8월: 미일(未日) 3 · 9월: 사일(巳日)　　4 · 10월: 묘일(卯日) 5 · 11월: 축일(丑日)　　6 · 12월: 해일(亥日)

「인동일」과「인격일」에는 고용인(雇用人)이나 기타 거
주를 목적으로 하는 세입자(貰入者) 등을 들이지 않는다

고 한다.

5. 태백살방(太白殺方)

정동 (正東)	동남 (東南)	정남 (正南)	서남 (西南)	정서 (正西)	서북 (西北)	정북 (正北)	북동 (北東)	상천 (上天)
1·11 21일	2·12 22일	3·13 23일	4·14 24일	5·15 25일	6·16 26일	7·17 27일	8·18 28일	9·10·19·20 29·30일

이 태백살은 속칭 「손」이 있는 날이라고 하는데, 이 태백살이 닿은 방위의 날에는 이사를 꺼린다.

6. 이안주당(移安周堂)

안 (安)	이 (利)	천 (天)
재 (災)		해 (害)
사 (師)	부 (富)	살 (殺)

이는 이사일의 주당을 보는 법인데 이사하는 달이 크면 「안(安)」에서 1일을 이르켜 「이(利)」자 방향으로 순행하여 이사 당일까지 짚어 돌아가고 적은 달에는 「천(天)」에서부터 시작하여 「이(利)」자 반대방향 역으로 이

사일까지 짚어서 그 머무는 곳이 주당이다. 이 때 안(安)·이(利)·사(師)·부(富)일이 닿으면 좋다고 한다.

○ 이사방위(移徙方位)의 길흉별

이사를 잘 했을 경우와 잘못했을 경우 그 미치는 영향은 정반대 현상을 가져오며 대개 1년 안팎에 발현된다고 본다.

⑴ 정북방 이사(正北方移徙)

정북방은 감방(坎方) 즉 임(壬)·자(子)·계(癸)의 방위에 해당된다.

◎ 잘 했을 경우

○ 건강상 혈액순환이 좋아지고 정력이 왕성하면서 젊어진다고 한다.

○ 사회적으로 대인관계가 원만해지고 교제가 넓어지면서 신뢰를 받게 된다.

○ 상거래도 활발해지고 더욱 내실을 기하여 신장 발전하고 새로운 일을 시작하기도 한다.

○ 자녀가 태어날 가능성도 높아진다.

◎ 잘못했을 경우

○새로운 일을 시작했다 하면 성공보다 실패할 확률이 높다.

○ 거래처 대상 인물 중에는 반드시 악의의 인물이 끼어있게 된다고 한다.

○ 남자는 색정(色情)으로 기인한 사건이 발생하기가 쉽고 임신부에게는 유산할 위험수가 따른다고 한다.

○ 밖으로는 동료나 부하로부터 신뢰를 못받고 또한 돈을 빌려 줄 일들이 자주 생길 것으로 본다.

(2) 북동방 이사(北東方移徙)

북동방은 간(艮) 방위 즉 축(丑)·간(艮)·인(寅)의 방위에 해당된다.

◎ 잘 했을 경우

○ 화려한 반전성은 없어도 영속성(永續性)이 있는 온화한 신장력과 비축성(備蓄性)이 생긴다고 한다.

○ 부동산 등에 과감한 결단을 내리고 십중 팔구 소기의 목적을 이룩하는 것으로 본다.

○ 가정에는 더욱 화기 애애해지고 소원했던 친인척간에도 화목하며 도움받을 일들이 생기기가 쉽다.

○ 실타래처럼 꼬였던 일들이 신통하게 잘 풀리고 저축심도 생기게 된다.

○ 재산이 늘어날 일들이 생기면서 없던 상속자가 생기기도 한다.

◎ 잘못했을 경우

○ 가운이 시들고 재산 잃을 일들이 뜻밖에 발생한다.

○ 가정이 화목하지 못하고 친인척간에도 사소한 일이 불씨가 되어 불목하기가 쉽다.

○ 영업을 하던 사람은 휴·폐업할 난관에 봉착하게

되고 봉급 생활자는 실직할 위험률이 높아진다.

○ 욕심을 부렸다가는 낭패를 당하고 신·구 교체를 하면 할수록 손해를 보게 된다.

○ 척추나 요추 등에 병들기가 쉽고 관절계통 질환에도 이환되기가 쉽다고 한다.

⑶ 정동방 이사(正東方移徙)

정동방은 진(震) 방위 즉 갑(甲)·묘(卯)·을(乙)의 방위에 해당된다.

◎ 잘 했을 경우

○ 말솜씨가 좋아지고 매사에 능동적으로 순응하여 주위사람들로부터 우러름을 받는다.

○ 원기가 왕성해지고 적극성이 형성되면서 범사 경영하는 일에 발전적인 징후가 나타나기 시작한다.

○ 젊은 사람이나 수하사람들로부터 많은 협조와 도움을 받게 된다.

◎ 잘못했을 경우

○ 잡다한 말썽거리의 일들이 잘 생기고 가족들이 각개 약진을 하여 집안이 단합되지 못하고 무기력 해진다.

○ 젊은 사람이나 수하로 기인하여 피해를 보거나 사기를 당하기가 쉽다.

○ 간장 계통 질환에 이환되기가 쉽고 또한 신경통 환자인 경우 병세가 더욱 악화되기도 한다.

⑷ 동남방 이사(東南方移徙)

동남방은 손(巽) 방위 즉 진(辰)·손(巽)·사(巳)의 방위에 해당된다.

◎ 이사를 잘 했을 경우

○ 주위사람들로부터 두터운 신임을 얻을 수 있는 기회가 잘 주어진다.

○ 장사하는 사람이면 먼 곳을 상대할수록 유리하고 기타 직업을 가진 사람도 평소 소원했던 사람과 친밀해질 수 있는 좋은 기회를 포착할 수 있다.

○ 대인관계가 활발해지고 주변사람들로부터 호감을 살 기회가 자주 주어지면서 인기가 상승한다.

○ 경영하는 사업은 계획에 차질 없이 진행되고 또한 유능한 부하 직원의 덕을 보기도 한다.

○ 미혼 남녀에게는 남녀 관계가 부드러워지면서 혼담의 기회가 비교적 많아진다.

◎ 잘못했을 경우

○ 신용을 상실하는 일만 되풀이 하다가 앞길이 꽉 막히는 수가 있다.

○ 경영하던 사업에 헛점이 생기고 본의아닌 실수를 범하게 된다.

○ 평소 친하지도 않고 거래도 없던 먼곳의 사람과 교제나 거래로 인해 손해를 보기 쉽다.

○ 부하 직원의 잘못으로 난처한 일을 당하기가 쉽다.

○ 감기가 악화되어 호흡기 질환을 유발하기도 하고

소화기 계통에 이환된 사람은 병세가 더 악화되기가 쉽다.

(5) 정남방 이사(正南方移徙)

정남방은 정남쪽 병(丙)·오(午)·정(丁) 즉 이(離) 방위에 해당된다.

◎ 잘 했을 경우

○ 지식을 넓힐 수 있는 기회가 주어지고 명예를 얻을 일이 생긴다.

○ 관을 상대로 하는 일은 더욱 성공률이 높고 선견지명(先見之明)이 생기면서 과감한 결단력으로 이득을 보기도 한다.

○ 수행 계획이 현실적으로 잘 부합이 되어 권위를 유지하고 명성을 떨치기도 한다.

○ 건강적인 측면에서는 혈색 순환이 좋아지고 활기가 있어 보인다.

◎ 잘못했을 경우

○ 문서나 인감 등을 잘못 취급하여 뜻밖의 손해를 보기 쉽다.

○ 경찰이나 법원 등에서 문제가 생기기 쉽고 만일 생겼다면 불리한 입장에 놓이게 된다.

○ 가족이 흩어질 일이 생기기도 하고 또한 명예를 손상 당할 위험률도 높다.

○ 건강적인 측면에서는 눈병·두통·심장병 등에 병

들기 쉽고 병들었다하면 치유하기가 어려워진다.

(6) 남서방 이사(南西方 移徙)

남서방은 곤(坤) 방위 즉 미(未)·곤(坤)·신(申)의 방위에 해당된다.

◎ 잘 했을 경우

○ 실업자는 취업을 하게되고 사업자는 더욱 영업이 잘 되어 번창한다.

○ 젊은 사람보다 나이 많은 사람을 더욱 자주 상대할수록 유리한 일이 많이 생긴다.

○ 부동산에 관한 매매행위는 거의 이득을 보지 손해 보는 일은 거의 없다.

○ 검소한 기풍이 조성되면서 물건을 소중하게 다루고 매사를 신중히 처리하는 습성이 생기게 된다.

○ 대인관계가 활발해지면서 친구나 동조자가 다른 때보다 유난히 많이 생긴다.

◎ 잘못했을 경우

○ 생업에 열의가 없고 범사에 불충실 해진다.

○ 할머니나 주부를 상대로 하는 일은 십중 팔구 실패를 하거나 손해를 보게 된다.

○ 부동산에 손을 댔다하면 손해를 보고 신경써야 할 일들이 생긴다.

○ 비만증에 걸리기 쉽고 또한 내장 질환에도 이환되기가 쉽다.

⑺ 정서방 이사(正西方移徙)

정서방은 태(兌) 방위 즉 경(庚)·유(酉)·신(辛)의 방위에 해당된다.

◎ 잘 했을 경우

○ 말솜씨 즉, 화술이 능란해지고 젊은 여성을 상대로 이득을 보게 될 일이 생긴다.

○ 중개(仲介)에 나서면 일들이 잘되어 이득을 보게되고 현금 들어올 일이 많이 생긴다.

○ 회식할 기회가 많아지면서 대인관계가 원만해지고 정신적 활동을 많이 하게 된다.

◎ 잘못했을 경우

○ 금전 출납을 잘못하여 큰 손해를 보게 될 일이 생긴다.

○ 여자 관계로 기인하여 재난을 탕진할 위험률이 높으며 젊은 여성을 상대로 한 일은 거의 손해를 보게 된다.

○ 본의아니게 실언이나 망언을 하여 오해와 불신을 자초하기도 한다.

○ 구강(口腔)이나 호흡기 질환에 이환되기가 쉽고 칼이나 공구 등을 잘못 사용하여 몸을 다치는 일들이 생기기 쉽다.

⑻ 서북방 이사(西北方移徙)

서북방은 서북간으로서 건(乾), 즉 술(戌)·건(乾)·해(亥) 방위에 해당된다.

◎ 잘 했을 경우

○ 새로운 신규사업에 착수하게 되고 또한 대개 성공을 가져온다.

○ 신앙심이 두터워지고 자주 독립을 이룩하려는 정신이 왕성해진다.

○ 직장 상사나 손윗사람의 협조와 도움을 받고 투자사업에 투자를 해도 좀처럼 실패하지 않고 성공하게 된다.

○ 실업자에게는 직장을 가질 기회가 주어지고 생업자는 부지런하면서 실천력이 왕성해진다.

○ 각종 경쟁에서는 언제나 승리를 하고 새로운 발명이나 발견에 성공하기가 쉽다.

◎ 잘못했을 경우

○ 새로운 신규사업에 손댔다가 크게 손해만 보고 이득은 이루어지지 않는다.

○ 도박 등 투기에 관여하면 파산할 위험률이 높고 크게 상처를 입게 될 일이 생기기 쉽다.

○ 평소 남과 잘 다투는 일이 생기고 교통사고 등 부상 당하는 일들이 생기기가 쉽다.

◎ 가상요론(家相要論)

○ 사람의 상반신은 정신을 상징하고 하반신은 물질을 상징하는데, 다리가 튼튼하고 고운 사람은 재물운이 좋으며 특히 주택운이 좋다고 한다. 대체로 크고 좋은 집에 사는 주부치고 다리가 빈약한 여자는 거의 볼 수 없고 또한 다리만 고운 것이 아니라 발도 함께 곱다고 한다.

○ 재운이 약한 사람은 코가 빈약하고 손가락 틈새가 심하며 또한 다리가 허약하고 발가락에 틈새가 많은 사람도 재운이 약하다. 이런 사람들은 서쪽과 북서쪽에 장점이 있는 집에 살면 약한 재운이 보강되기는 하지만 소부(小富)운을 근본적으로 대부(大富)운으로 바꿀 수는 없다고 한다.

○ 벽에 균열이 생긴 집은 대다수 택지를 도둔쪽에 집의 기초를 박은 집들이다. 약한 지반에 올라선 집이니 기울어질 수 밖에 없고 집이 기울어졌으니 벽에 금이 갈 수 밖에 없다. 벽에 금이 갈 정도로 허약한 집에서 사는 한 절대로 건강 문제나 재물운은 보장 받지 못한다고 본다.

○ 대개 복잡하게 생긴 집에서는 복잡한 일이 생기고 방정치 못한 집에 사는 사람은 방정치 못한 사고방식과 행동으로 기울어지기가 쉽다.

○ 문짝이 문틀과 잘 맞지 않는 집에 오래살면 가정 불화가 잦고 밖에서는 실수(失手), 실족(失足)하는 일이 잦다고 한다.

○ 창문이나 출입문이 너무 많은 집, 특히 서쪽에 많은 집은 말이 많은 집이라 본다. 특히 여자들의 입 탓으로 재운이 약화된다. 그래서 말 많은 여자를 아내로 둔 남편은 출세하기가 어렵다고 본다.

○ 본시 말 많은 집안은 낭비가 심하다. 서창(西窓)에 커텐이나 병풍을 계절에 맞춰 씀으로써 해결된다. 그렇치 않으면 재물운이 트이지 않는다.

○ 면접 시험시 출입문을 꼭 닫고 출입하는가의 여부만으로 인물 점수를 매기는 사람도 있다고 한다. 부모된 자는 마땅히 자녀에게 문을 꼭 닫고 신발을 단정히 벗는 예절을 어릴때부터 길러 주워야 한다.

제6장 제사(祭祀)기복(祈福)택일

1. 제사길일(祭祀吉日)

갑자 (甲子)	을축 (乙丑)	정묘 (丁卯)	무진 (戊辰)	신미 (辛未)	임신 (壬申)	계유 (癸酉)	갑술 (甲戌)	정축 (丁丑)	기묘 (己卯)
경진 (庚辰)	임오 (壬午)	갑신 (甲申)	을유 (乙酉)	병술 (丙戌)	정해 (丁亥)	기축 (己丑)	신묘 (辛卯)	갑오 (甲午)	을미 (乙未)
병신 (丙申)	정유 (丁酉)	을사 (乙巳)	병오 (丙午)	정미 (丁未)	무신 (戊申)	기유 (己酉)	경술 (庚戌)	을묘 (乙卯)	병진 (丙辰)
정사 (丁巳)	무오 (戊午)	기미 (己未)	신유 (辛酉)	계해 (癸亥)	생기 (生氣)	천의 (天宜)	복덕일 (福德日)		

위의 일진일은 각종 제사에 쓰는 좋은 날로 선택된 길일이다.

단 천구일(天狗日)과 천구하식시(天狗下食時)및 인일(寅日)은 꺼린다.

천구일(天狗日)과 천구하식시(天狗下食時)

1월	자일 해시 (子日)(亥時)	2월	축일 자시 (丑日)(子時)	3월	인일 축시 (寅日)(丑時)
4월	묘일 인시 (卯日)(寅時)	5월	진일 묘시 (辰日)(卯時)	6월	사일 진시 (巳日)(辰時)
7월	오일 사시 (午日)(巳時)	8월	미일 오시 (未日)(午時)	9월	신일 미시 (申日)(未時)
10월	유일 신시 (酉日)(申時)	11월	술일 유시 (戌日)(酉時)	12월	해일 술시 (亥日)(戌時)

2. 기복길일(祈福吉日)

임신 을해 병자 정축 임오 계미 정해 기축 신묘 임진
(壬申) (乙亥) (丙子) (丁丑) (壬午) (癸未) (丁亥) (己丑) (辛卯) (壬辰)

갑오 을미 정유 임자 갑진 무신 을묘 병진 무오 임술
(甲午) (乙未) (丁酉) (壬子) (甲辰) (戊申) (乙卯) (丙辰) (戊午) (壬戌)

계해 천은 천사 천월덕 천월덕합 생기 천의 복덕 모창
(癸亥) (天恩) (天赦) (天月德) (天月德合) (生氣) (天宜) (福德) (母倉)

정 성 개일
(定) (成) (開日)

위의 일진일은 제를 올리거나 복을 비는 날로 통용되
지만 안택(安宅)·고사(告祀) 등 정성을 드리는 행사에
좋은 날로 선정된 길일이다.

단 수사(受死)·천구일(天狗日)및 천구하식시(天狗下食時)·인일(寅日)과 건(建)·파(破)·평(平)·수일(收日) 등은 꺼리는 날이다.

3. 불공길일(佛供吉日)

갑자 (甲子)	을축 (乙丑)	병인 (丙寅)	경오 (庚午)	갑술 (甲戌)	무인 (戊寅)	을유 (乙酉)	무자 (戊子)	기축 (己丑)
신묘 (辛卯)	갑오 (甲午)	병신 (丙申)	계묘 (癸卯)	정미 (丁未)	계축 (癸丑)	갑인 (甲寅)	병진 (丙辰)	신유 (辛酉)

위의 일진일에 불공을 드리면 만복이 이른다고 한다. 단 병오(丙午)·임진(壬辰)·을해(乙亥)·정묘(丁卯)·을묘(乙卯)일은 꺼린다.

4. 산신제일(山神祭日)

갑자 (甲子)	임신 (壬申)	을해 (乙亥)	병자 (丙子)	갑신 (甲申)	을유 (乙酉)	병술 (丙戌)	신묘 (辛卯)	경술 (庚戌)
을묘 (乙卯)	갑술 (甲戌)	갑오 (甲午)	갑인 (甲寅)	을축 (乙丑)	을미 (乙未)	정묘 (丁卯)	무진 (戊辰)	기사 (己巳)
기유 (己酉)	경진 (庚辰)	신해 (辛亥)	임인 (壬寅)	계묘 (癸卯)	기묘 (己卯)	정해 (丁亥)	정미 (丁未)	

위의 일진일에는 산신에 제를 올리거나 입산 기도하는 데 쓰는 좋은 날이다.

단 산격일(山隔日)과 산명일(山鳴日 : 大月~2일, 21일, 23일, 26일. 小月~1일, 10일, 18일, 22일. 매월~8일, 23일) 등은 꺼리는 날이다.

5. 수신제일(水神祭日)

경오 (庚午)	신미 (辛未)	임신 (壬申)	계유 (癸酉)	갑술 (甲戌)	경자 (庚子)	신유 (辛酉)	제 (除)	만 (滿)
집 (執)	성 (成)	개일 (開日)						

위의 일진일에는 바다나 하천·우물 및 용왕신 등에 제를 올리는 좋은 날이다.

6. 지신제일(地神祭日)

매월	3일 · 7일 · 15일 · 22일 · 26일

이날은 지신(地神)이 하강(下降)하는 날이라 한다. 지신에 제를 올리고자 할 때는 이날을 선택하는게 좋다. 단 지격일(地隔日)과 지명일(地鳴日 : 大月~25일, 28일, 小月~18일, 28일, 매월~13일, 25일)은 꺼린다.

7. 칠성제일(七星祭日)

1월	03 · 07 · 15 · 22 · 26 · 27	7월	03 · 07 · 15 · 22 · 27
2월	03 · 07 · 08 · 15 · 22 · 26 · 27	8월	03 · 07 · 08 · 11 · 15 · 19 · 22 · 27
3월	03 · 07 · 08 · 15 · 22 · 26 · 27	9월	03 · 07 · 08 · 15 · 19 · 22 · 27
4월	03 · 07 · 08 · 15 · 22 · 26 · 27	10월	03 · 07 · 08 · 15 · 22 · 27 · 28
5월	03 · 07 · 08 · 15 · 22 · 26 · 27	11월	03 · 07 · 08 · 15 · 25 · 27
6월	03 · 07 · 08 · 15 · 22 · 26 · 27	12월	03 · 07 · 15 · 26 · 27

위의 날은 칠성(七星: 탐랑 · 거문 · 녹존 · 문곡 · 염정 · 무곡 · 파군)이 하강하는 날이라 하늘에 빌고 산에 기도 드리고자 할 때에는 모두 이날을 취용하면 좋다.

8. 조왕상천일(竈王上天日)

을축(乙丑)	을미(乙未)	기유(己酉)	기묘(己卯)일

이날은 「조왕신(부엌의 신)」이 상천하는 날이라 부엌을 수리하거나 새로 만드는 데 쓰는 좋은 날이다.

9. 신사기도일(神祀祈禱日)

갑자 (甲子)	을축 (乙丑)	무진 (戊辰)	기사 (己巳)	을해 (乙亥)	병자 (丙子)	정축 (丁丑)	임오 (壬午)	갑신 (甲申)
정해 (丁亥)	신묘 (辛卯)	임진 (壬辰)	갑오 (甲午)	을미 (乙未)	정유 (丁酉)	임인 (壬寅)	을사 (乙巳)	병오 (丙午)
을유 (乙酉)	정미 (丁未)	무신 (戊申)	경술 (庚戌)	정사 (丁巳)	임술 (壬戌)			

이날은 신당이나 사당에 제사를 지내고 모든 신에게 기도를 드리는 좋은 날이다.

10. 조왕회집일(竈王會集日)

매월	6일 · 12일 · 18일 · 21일

이날은 「조왕신」에게 제사를 올리면 부귀·대길하다고 한다.

제7장 상용택일(常用擇日)

1. 출행길일(出行吉日)

갑자 (甲子)	을축 (乙丑)	병인 (丙寅)	정묘 (丁卯)	무진 (戊辰)	경오 (庚午)	신미 (辛未)	갑술 (甲戌)	을해 (乙亥)
정축 (丁丑)	기묘 (己卯)	갑신 (甲申)	병술 (丙戌)	기축 (己丑)	경인 (庚寅)	신묘 (辛卯)	갑오 (甲午)	을미 (乙未)
경자 (庚子)	신축 (辛丑)	임인 (壬寅)	계묘 (癸卯)	병오 (丙午)	정미 (丁未)	기유 (己酉)	임자 (壬子)	계축 (癸丑)
갑인 (甲寅)	을묘 (乙卯)	경신 (庚申)	신유 (辛酉)	임술 (壬戌)	계해 (癸亥)	역마 (驛馬)	사상 (四相)	월재 (月財)
천월덕 (天月德)	생기 (生氣)	건 (建)	만 (滿)	성 (成)	개일 (開)			

해외여행이나 원행을 할 때 이날을 가려서 취용하면 대길하다. 단 화해(禍亥)·절명(絶命)일은 피하는게 좋고, 왕망(往亡)·수사(受死)·귀기(歸忌)·천적(天賊)·파(破)·평(平)·수일(收日) 등은 꺼린다.

2. 행선길일(行船吉日)

을축	병인	정묘	무진	정축	무인	임오	을유	신묘
(乙丑)	(丙寅)	(丁卯)	(戊辰)	(丁丑)	(戊寅)	(壬午)	(乙酉)	(辛卯)
갑오	을미	경자	신축	임인	신해	병진	무오	기미
(甲午)	(乙未)	(庚子)	(辛丑)	(壬寅)	(辛亥)	(丙辰)	(戊午)	(己未)
신유	천은	복일	만	성	개			
(辛酉)	(天恩)	(復日)	(滿)	(成)	(開)			

「행선길일」에는 새로 만든 선박의 진수식(進水式)이나 또는 멀리 항해하는 선박의 출항에 좋은 날이다. 단 풍파(風破: 당년 태세와 같은 날)·하백(河伯: 풍파 하루 전날)·천적(天賊)·수사(受死)·월파(月破)·복단(伏斷)·장(張)·기(箕)·숙(宿)·건(建)·파(破)·위(危)·왕망(往亡)·귀기일(歸忌日) 등은 꺼린다.

풍파(風波) 하백일(河伯日)

연지 (年支)	자 (子)	축 (丑)	인 (寅)	묘 (卯)	진 (辰)	사 (巳)	오 (午)	미 (未)	신 (申)	유 (酉)	술 (戌)	해 (亥)
풍파 (風波)	자 (子)	축 (丑)	인 (寅)	묘 (卯)	진 (辰)	사 (巳)	오 (午)	미 (未)	신 (申)	유 (酉)	술 (戌)	해 (亥)
하백 (河伯)	해 (亥)	자 (子)	축 (丑)	인 (寅)	묘 (卯)	진 (辰)	사 (巳)	오 (午)	미 (未)	신 (申)	유 (酉)	술 (戌)

3. 공직 부임일(公職赴任日)

좋은 날

갑자	병인	정묘	무진	기사	을해	경오	병자	기묘	임오
(甲子)	(丙寅)	(丁卯)	(戊辰)	(己巳)	(乙亥)	(庚午)	(丙子)	(己卯)	(壬午)
갑신	을유	병술	무자	계사	기해	경자	임인	병오	무신
(甲申)	(乙酉)	(丙戌)	(戊子)	(癸巳)	(己亥)	(庚子)	(壬寅)	(丙午)	(戊申)
경술	신해	임자	계축	경신	신유	황도	천사	천은	월은
(庚戌)	(辛亥)	(壬子)	(癸丑)	(庚申)	(辛酉)	(黃道)	(天赦)	(天恩)	(月恩)
천덕	월덕	합덕	역마	왕일	본명녹마	일			
(天德)	(月德)	(合德)	(驛馬)	(旺日)	(本命祿馬	日)			

꺼리는 날

수사	복단	로일	옥일	왕망	천옥	파	평	수	폐일
(受死)	(伏斷)	(牢日)	(獄日)	(往亡)	(天獄)	(破)	(平)	(收)	(閉日)
본명									
(本命)									

4. 흉신정국표(凶神定局表)

구분 \ 월별	1월	2월	3월	4월	5월	6월	7월	8월	9월	10월	11월	12월	꺼리는일·행사
왕망 (往亡)	인 (寅)	사 (巳)	신 (申)	해 (亥)	묘 (卯)	오 (午)	유 (酉)	자 (子)	진 (辰)	미 (未)	술 (戌)	축 (丑)	출행·이사 (出行)(移徙)
수격 (水隔)	술 (戌)	신 (申)	오 (午)	진 (辰)	인 (寅)	자 (子)	술 (戌)	신 (申)	오 (午)	진 (辰)	인 (寅)	자 (子)	입수·행선 (入水)(行船)
빙소와해 (氷消瓦解)	사 (巳)	자 (子)	축 (丑)	신 (申)	묘· (卯)	술 (戌)	해 (亥)	오 (午)	미 (未)	인 (寅)	유 (酉)	진 (辰)	이사 (移徙)
귀기 (歸忌)	축 (丑)	인 (寅)	자 (子)	축 (丑)	인 (寅)	자 (子)	축 (丑)	인 (寅)	자 (子)	축 (丑)	인 (寅)	자 (子)	출행 (出行)
건 (建)	인 (寅)	묘 (卯)	진 (辰)	사 (巳)	오 (午)	미 (未)	신 (申)	유 (酉)	술 (戌)	해 (亥)	자 (子)	축 (丑)	행선·이사 (行船)(移徙)
평 (平)	사 (巳)	오 (午)	미 (未)	신 (申)	유 (酉)	술 (戌)	해 (亥)	자 (子)	축 (丑)	인 (寅)	묘 (卯)	진 (辰)	출행·이사 (出行)(移徙)
파 (破)	신 (申)	유 (酉)	술 (戌)	해 (亥)	자 (子)	축 (丑)	인 (寅)	묘 (卯)	진 (辰)	사 (巳)	오 (午)	미 (未)	출행·이사·행선 (出行)(移徙)(行船)
위 (危)	유 (酉)	술 (戌)	해 (亥)	자 (子)	축 (丑)	인 (寅)	묘 (卯)	진 (辰)	사 (巳)	오 (午)	미 (未)	신 (申)	행선 (行船)
수 (收)	해 (亥)	자 (子)	축 (丑)	인 (寅)	묘 (卯)	진 (辰)	사 (巳)	오 (午)	미 (未)	신 (申)	유 (酉)	술 (戌)	출행·이사 (出行)(移徙)

5. 진인구일(進人口日)

| 좋은 날 |

| 천덕(天德)·월덕(月德)·천보(天寶)·월은(月恩)·천대(天對)·천옥(天玉) |

이날은 식구를 늘이는데 쓰는 좋은 날이다. 즉 양자(養子)를 들이거나 하숙(下宿) 등 집안에 사람을 들일 때 쓰며, 또한 사원 모집도 이날을 가려서 취용하면 좋다.

| 꺼리는 날 |

| 월해(月害)·수사(受死)·건(建)·파(破)·평(平)·수(收)·폐일(閉日) |

6. 납노비일(納奴婢日)

갑자	을축	병인	정묘	무진	임신	을해	무인	기묘
(甲子)	(乙丑)	(丙寅)	(丁卯)	(戊辰)	(壬申)	(乙亥)	(戊寅)	(己卯)
갑신	병술	신묘	임진	계사	갑오	을미	기해	경자
(甲申)	(丙戌)	(辛卯)	(壬辰)	(癸巳)	(甲午)	(乙未)	(己亥)	(庚子)
계묘	병오	정미	신해	임자	갑인	을묘	기미	신유
(癸卯)	(丙午)	(丁未)	(辛亥)	(壬子)	(甲寅)	(乙卯)	(己未)	(辛酉)
명당	옥당	천덕	월덕	수	만	집일		
(明堂)	(玉堂)	(天德)	(月德)	(收)	(滿)	(執日)		

이날은 사원·점원·가정부·경비원 등을 들이는데 쓰
는 좋은 날이다. 단 귀기(歸忌)·월파(月破)·월해(月
害)·천강(天罡)·하괴(河魁)일 등은 꺼린다.

7. 입권·교역일(立券·交易日)

갑자 (甲子)	신미 (辛未)	갑술 (甲戌)	병자 (丙子)	정축 (丁丑)	경진 (庚辰)	신사 (辛巳)	임오 (壬午)	계미 (癸未)	갑신 (甲申)
신묘 (辛卯)	임진 (壬辰)	계사 (癸巳)	을미 (乙未)	경자 (庚子)	계묘 (癸卯)	정미 (丁未)	무신 (戊申)	임자 (壬子)	갑인 (甲寅)
을묘 (乙卯)	기미 (己未)	신유 (辛酉)	삼합 (三合)	오합 (五合)	육합 (六合)	천·월덕합 (天月德合)		집성 (執成)	

이날은 계약을 하거나 주권·상품·물품 등을 매매·
무역 등 상행위에 이로운 날이다.

8. 개점일(開店日)

갑자 (甲子)	을축 (乙丑)	병인 (丙寅)	기사 (己巳)	경오 (庚午)	신미 (辛未)	갑술 (甲戌)	을해 (乙亥)	병자 (丙子)	기묘 (己卯)
임오 (壬午)	계미 (癸未)	갑신 (甲申)	경인 (庚寅)	신묘 (辛卯)	을미 (乙未)	기해 (己亥)	경자 (庚子)	계묘 (癸卯)	병오 (丙午)
임자 (壬子)	갑인 (甲寅)	을묘 (乙卯)	기미 (己未)	경신 (庚申)	신유 (辛酉)	만 (滿)	개 (開)		

이날은 처음 시작하는 개업일에 좋으며, 또한 물품을 출납하거나 창고에 적재하는 일에도 좋다고 한다.

9. 상매흥판일(商賣興販日)

기묘	병술	임인	정미	기유	갑인	천덕합	월덕합	육합	만성개일
(己卯)	(丙戌)	(壬寅)	(丁未)	(己酉)	(甲寅)	(天德合)	(月德合)	(六合)	(滿成開)

이날에 점포 문을 열거나 개업을 하면 장사가 잘 된다고 한다.

10. 상장일(上章日)

갑자	을축	병인	정묘	임신	병자	정축	기묘	임오
(甲子)	(乙丑)	(丙寅)	(丁卯)	(壬申)	(丙子)	(丁丑)	(己卯)	(壬午)
병술	기축	경인	신묘	임진	갑오	병신	정유	무술
(丙戌)	(己丑)	(庚寅)	(辛卯)	(壬辰)	(甲午)	(丙申)	(丁酉)	(戊戌)
경자	임인	갑진	병오	무신	기유	경술	임자	갑인
(庚子)	(壬寅)	(甲辰)	(丙午)	(戊申)	(己酉)	(庚戌)	(壬子)	(甲寅)
병진	무오	경신	신유	임술	황도	복덕	월공	천은	월은
(丙辰)	(戊午)	(庚申)	(辛酉)	(壬戌)	(黃道)	(福德)	(月空)	(天恩)	(月恩)

이날은 청원서·이력서·원고·논문·소장 각종 청탁서 등을 해당 기관이나 회사 등에 제출하면 좋다고 한다.

11. 입학일(入學日)

좋은 날

병인 기사 갑술 을해 병자 무인 신사 계미 갑신 정해
(丙寅) (己巳) (甲戌) (乙亥) (丙子) (戊寅) (辛巳) (癸未) (甲申) (丁亥)

기축 경인 신묘 임진 계사 을미 병신 기해 임인 계묘
(己丑) (庚寅) (辛卯) (壬辰) (癸巳) (乙未) (丙申) (己亥) (壬寅) (癸卯)

갑진 을사 병오 정미 무신 경술 신해 갑인 을묘 병진
(甲辰) (乙巳) (丙午) (丁未) (戊申) (庚戌) (辛亥) (甲寅) (乙卯) (丙辰)

경신 신유 계해 천덕 월덕 천월덕합 인신사해일
(庚申) (辛酉) (癸亥) (天德) (月德) (天月德合) (寅申巳亥日)

정 성 개일 정관 정인 정록 천을귀인일
(定) (成) (開日) (正官) (正印) (正祿) (天乙貴人日)

이날에 처음 공부를 시작하거나 학교·학원 등에 입학
할 때 가려서 쓰면 좋다고 한다.

꺼리는 날

수사 사폐 음양착 공자사망일 건 파 평 수 위 폐일 복단일
(受死) (四癈) (陰陽錯) (孔子死亡日) (建)(破)(平)(收)(危)(閉日) (伏斷日)

12. 회의(會議) 및 연회일(宴會日)

좋은 날

천은 금당 천덕 월덕 천월덕합 오합 정 성 만
(天恩) (金堂) (天德) (月德) (天月德合) (五合) (定) (成) (滿)
개 집일 주최자 의 생기 복덕 천의일
(開) (執日) (主催者) (生氣) (福德) (天醫日)

이날은 각종 회의나 연회 등 손님을 초대하는 일 등에 쓰는 좋은 날이다.

꺼리는 날

상삭일 월기일 유일 건 파 평 수 폐
(上朔日) (月忌日) (酉日) (建) (破) (平) (收) (癈)

13. 구사일(求嗣日)

좋은 날

천덕 월덕 천월덕합 천은 월은 익후 속세 장생 본명의 녹 마 귀인일
(天德) (月德) (天月德合) (天恩) (月恩) (益後) (續世) (長生) (本命) (祿) (馬) (貴人)

이날에 양자(養子)를 들이거나 서양자(婿養子)를 들이면 좋다고 한다.

꺼리는 날

수사	귀기	월해	건	파	평	수	폐일
(受死)	(歸忌)	(月害)	(建)	(破)	(平)	(收)	(閉日)

14. 구의료병일(求醫療病日)

좋은 날

기유	병진	임술	천의	제	파	개일
(己酉)	(丙辰)	(壬戌)	(天醫)	(除)	(破)	(開日)

이날은 병원에 입원을 하거나 치료를 받으면 좋다고
한다.

꺼리는 날

건	평	수	만일	미일	혈기	삭망	매일
(建)	(平)	(收)	(滿日)	(未日)	(血忌)	(朔望)	(每日)

15. 복약일(服藥日)

을축 (乙丑)	임신 (壬申)	계유 (癸酉)	을해 (乙亥)	병자 (丙子)	정축 (丁丑)	임오 (壬午)	갑신 (甲申)	병술 (丙戌)
기축 (己丑)	임진 (壬辰)	계사 (癸巳)	갑오 (甲午)	병신 (丙申)	정유 (丁酉)	무술 (戊戌)	기해 (己亥)	경자 (庚子)
신축 (辛丑)	무신 (戊申)	기유 (己酉)	신유 (辛酉)	파 (破)	개일 (開日)			

이날은 병을 치료하기 위하여 약을 만들거나 달여 먹는데 쓰는 좋은 날이다. 특히 남자는 제일(除日)을 꺼리고 여자는 수(收)·만일(滿日)과 미일(未日)을 꺼린다.

16. 재의일(裁衣日)

갑자 (甲子)	을축 (乙丑)	병인 (丙寅)	정묘 (丁卯)	무진 (戊辰)	기사 (己巳)	계유 (癸酉)	갑술 (甲戌)	을해 (乙亥)
병자 (丙子)	정축 (丁丑)	기묘 (己卯)	경진 (庚辰)	신사 (辛巳)	계미 (癸未)	갑신 (甲申)	을유 (乙酉)	병술 (丙戌)
정해 (丁亥)	무자 (戊子)	기축 (己丑)	경인 (庚寅)	임진 (壬辰)	계사 (癸巳)	갑오 (甲午)	을미 (乙未)	병신 (丙申)
무술 (戊戌)	경자 (庚子)	신축 (辛丑)	계묘 (癸卯)	갑진 (甲辰)	을사 (乙巳)	무신 (戊申)	기유 (己酉)	계축 (癸丑)
갑인 (甲寅)	을묘 (乙卯)	병진 (丙辰)	신유 (辛酉)	임술 (壬戌)	천월덕 (天月德)	천월덕합 (天月德合)		육합 (六合)
왕일 (旺日)	제 (除)	만 (滿)	정 (定)	위 (危)	성 (成)	개일 (開日)		

이날에 각종 의류나 침구 등을 만들면 좋다고 한다.

장성 (長星)	단성 (短星)	천화 (天火)	천적 (天賊)	건 (建)	파 (破)	평 (平)	수일 (收日)

17. 조주일(造酒日)

정묘 (丁卯)	계미 (癸未)	경오 (庚午)	갑오 (甲午)	기미 (己未)	개 (開)	성 (成)	
봄: (春)	저 (低)	기 (箕)	여름: (夏)	항 (亢)	가을: (秋)	규 (奎)	겨울: 위 (冬) (危)

이날에 술을 담그면 술맛이 좋다고 한다.

18. 조장일(造醬日)

정묘 (丁卯)	병인 (丙寅)	병오 (丙午)	천월덕합 (天月德合)	오일 (午日)	만 (滿)	성 (成)	개일 (開日)

이날에 장을 담그면 장맛이 좋다고 한다. 단, 신일(辛日)에 장을 담그면 장맛이 쓰다하여 꺼린다.

19. 신상안치일(神像安置日)

계미 (癸未)	을미 (乙未)	정유 (丁酉)	갑진 (甲辰)	경술 (庚戌)	신해 (辛亥)	병진 (丙辰)	무오 (戊午)	및
3·9월의	위 (危)	심 (心)	필 (畢)	장일과 (張日)	6·12월의	방 (房)	허 (虛)	성 묘일 (星) (昴日)

이날은 각종 신상이나 불상(佛像) 등을 그리거나 안치

하는데 쓰는 좋은 날이다.

20. 파종일(播種日)

갑자 (甲子)	을축 (乙丑)	정묘 (丁卯)	기사 (己巳)	경오 (庚午)	신미 (辛未)	계유 (癸酉)	을해 (乙亥)	병자 (丙子)
정축 (丁丑)	무인 (戊寅)	기묘 (己卯)	신사 (辛巳)	임오 (壬午)	계미 (癸未)	갑신 (甲申)	을유 (乙酉)	병술 (丙戌)
기축 (己丑)	신묘 (辛卯)	임진 (壬辰)	계사 (癸巳)	갑오 (甲午)	을미 (乙未)	병신 (丙申)	무술 (戊戌)	기해 (己亥)
경자 (庚子)	신축 (辛丑)	임인 (壬寅)	계묘 (癸卯)	갑진 (甲辰)	병오 (丙午)	무신 (戊申)	기유 (己酉)	계축 (癸丑)
갑인 (甲寅)	을묘 (乙卯)	무오 (戊午)	기미 (己未)	계해 (癸亥)				

이날에 각종 씨앗을 뿌리거나 심으면 발아가 잘 되고 무성하게 잘 자란다고 한다.

21. 식목일(植木日)

좋은 날

갑자 (甲子)	병자 (丙子)	정축 (丁丑)	기묘 (己卯)	계미 (癸未)	임진 (壬辰)	사상 (四相)	육의 (六儀)	모창 (母倉)	성·개일 (成開日)

이날에 나무를 심거나 씨앗을 뿌리면 죽지않고 잘 자란다고 한다.

꺼리는 날

을일	건	파일	수사	고초일
(乙日)	(建)	(破日)	(受死)	(枯焦日)

22. 벌목일(伐木日)

좋은 날

기사	경오	신미	임신	갑술	을해	무인	기묘	임오
(己巳)	(庚午)	(辛未)	(壬申)	(甲戌)	(乙亥)	(戊寅)	(己卯)	(壬午)
갑신	을유	무자	갑오	을미	병신	임인	병오	정미
(甲申)	(乙酉)	(戊子)	(甲午)	(乙未)	(丙申)	(壬寅)	(丙午)	(丁未)
무신	기유	갑인	을묘	기미	경신	신유	천월덕	정
(戊申)	(己酉)	(甲寅)	(乙卯)	(己未)	(庚申)	(辛酉)	(天月德)	(定)

성	개	일과	입동후	입춘전	오·신일
(成)	(開)		(立冬後)	(立春前)	(午申日)

오래된 큰 나무는 가볍게 함부로 베지 못한다. 그러나 이날을 가려서 벌목하면 무방하리라.

꺼리는 날

천적 수사 건 파 평 수 위 일과 산격일 (天賊) (受死) (建) (破) (平) (收) (危)　　(山隔日)

23. 소아 단유일(小兒斷乳日)

복단일 (伏斷日)	과	묘일 (卯日)	이날에 어린이의 젖을 끊게 하면 좋다. 단 5월 7일은 꺼린다.

24. 제언색수일(堤堰塞水日)

복단일 (伏斷日)	과	폐일 (閉日)	강이나 바다에 뚝을 쌓아 물길을 막는데 쓰는 좋은 날이다. 단 파(破), 개(開)일은 꺼린다.

25. 방사기피일(房事忌避日)

　그믐(每)·초하루(朔)·만월(滿月: 음 15·16일)·상현(上弦: 음 7·8일)·하현(下弦: 음 22·23일)과 병정(丙丁)일, 그리고 번개 또는 천둥치는 날, 안개가 많이 낀 날, 너무 춥거나(極寒) 너무 더운(極熱) 날, 일식(日

蝕)과 월식(月蝕)이 있는 날, 무지개가 떴거나 지진(地震)이 발생한 `날, 동지(冬至)와 하지(夏至)일, 동지(冬至)후 제3의 술(戌)일(百鬼日), 폭음과 포식을 한 직후 그리고 한낮(日中)과 한밤중에는 남녀가 성행위(性行爲)를 하지 않는다. 만일 이날을 범하게 되면 정기를 손상하고 또한 수태(受胎)를 할 경우 태어난 아기에게 여러 가지 불길한 일들이 생긴다고 한다.

제8장 성조택일(成造擇日)

새로 집을 짓는 데는 그리 단순하지 않다. 그러나 대개
는 가주본명(家主本命)의 성조운(成造運)만 맞추고 전길
일(全吉日)과 기타의 길일만을 보아 택일하는 예가 많다.

1. 성조운(成造運)

성조운은 연령만으로 보는 사각법(四角法)과 생(生:
12支)으로 연·월(年月)의 운(運)을 맞추어 보는 다른
방법이 있는데 이 두 가지 방법을 함께 절충하여 가리면
성조(成造)에 길운(吉運)이 된다.

⑴ 성조본명사각법(成造本命四角法)

손 (巽)	8·17·26·34 43·53·62·71	이 (離)	9·18·27·36 44·54·63·72	곤 (坤)	1·10·19·28 37·46·56·64
진 (震)	7·16·24·33 42·52·61·70	중 (中)	5·15·25·35 45·50·55·65	태 (兌)	2·11·20·29 38·47·57·66
간 (艮)	6·14·23·32 41·51·60·69	감 (坎)	4·13·22·31 40·49·59·68	건 (乾)	3·12·21·30 39·48·58·67

이는 남녀 다같이 연령으로 성조운의 길흉을 가리는 법이다. 처음 연령 1세를 곤궁(坤宮)에서부터 시작하여 태방(兌方)으로 순행(順行)하는데 오직 5·15·25·35·45·50·55·65세만은 중궁(中宮)에 넣고 다시 외방(外方)으로 나와 계속 순행한다. 이 때 본명(本命)의 연령이 건(乾)·곤(坤)·간(艮)·손(巽)의 사각(四角)에 닿거나 중궁(中宮)에 들면 성조(成造)에 불길(不吉)하고 사정방(四正方)·감(坎)·이(離)·진(震)·태(兌)에 닿으면 성조(成造)에 대길한 것으로 본다.

⑵ 연령으로 본 사각법(四角法)

구분(區分)	연　령(年令)		적요(摘要)
처사각 (妻四角)	1·10·19·28·37·46·54·63·72	곤 (坤)	처에게 불리
성조길 (成造吉)	2·11·20·29·38·47·56·64·73	태 (兌)	길
부모사각 (父母四角)	3·12·21·30·39·48·57·66·74	건 (乾)	부모에게 불리
성조길 (成造吉)	4·13·22·31·40·49·58·67·76	중 (中)	길
잠사각 (蚕四角)	5·15·25·35·45·55·65·75·85	감 (坎)	대불길
자기사각 (自己四角)	6·14·23·32·41·50·59·68·77	간 (艮)	대불길
성조길 (成造吉)	7·16·24·33·42·51·60·69·78	진 (震)	길
우마사각 (牛馬四角)	8·17·26·34·43·52·61·70·79	손 (巽)	축사불길
성조길 (成造吉)	9·18·27·36·44·53·62·71·80	이 (離)	길

대개 보통 일반 가정에서는 위의 연령으로 성조운(成造運)을 보는데, 성조길은 성조운이 대길하고 사각(四角)은 불길한 것으로 본다. 이 때 자기사각(自己四角)과 잠사각(蚕四角)은 성조에 대흉하고 부모사각(父母四角)과 처사각(妻四角)은 부모나 처가 사망하고 없을 때는 무방하다. 그리고 우마사각(牛馬四角)은 오직 축사만을 짓지 않으면 무방하게 본다.

(3) 금루사각법(金樓四角法)

손 (巽)	8·18·28·38 48·58·68·78	이 (離)	9·19·29·39 49·59·69·79	곤 (坤)	10·20·30·40 50·60·70·80
진 (震)	7·17·27·37 47·57·67·77	중 (中)	4·5·14·15·24·25 34·35·44·45·54·55 64·65·74·75·84·85	태 (兌)	1·11·21·31 41·51·61·71
간 (艮)	6·16·26·36 46·56·66·76	감 (坎)	3·13·23·33 43·53·63·73	건 (乾)	2·12·22·32 ·42·52·62·72

금루사각은 연령 1세를 태궁(兌宮)에서 시작하여 건궁(乾宮)으로 팔방(八方)을 순행하는데 오직 연령이 4·5세에 이르면 중궁(中宮)에 들고 다시 6세부터는 간궁(艮宮)으로 계속 순행하면서 연령을 배치하였다. 이 때 1·3·7·9세 양수(陽數)는 사정방위(四正方位)가 되어 성조운(成造運)이 대길하고 2·6·8·10세는 연령이 사각(四角)·건(乾)·곤(坤)·간(艮)·손(巽)에 닿으므로 해서 성조운이 불길하다. 단 4·5세는 중궁(中宮)에 들게 되어 역시 성조(成造)가 불길하다. 그래서 중궁에 든 5세와 음수(陰數)는 전부 성조에 불길하다는 것만 알아두

면 성조운을 쉽게 알 수 있다.

(4) 생년성조길년(生年成造吉年)

생년	길년(吉年)	생년	길년(吉年)
해자생 (亥子生)	갑기정임무계년 (甲己丁壬戊癸年)	사오생 (巳午生)	갑기을경병신년 (甲己乙庚丙辛年)
축인생 (丑寅生)	병신정임무계년 (丙辛丁壬戊癸年)	미신생 (未申生)	갑기을경무계년 (甲己乙庚戊癸年)
묘진생 (卯辰生)	을경병신정임년 (乙庚丙辛丁壬年)	유술생 (酉戌生)	갑기을경무계년 (甲己乙庚戊癸年)

생년 연지(年支)로 연간 길년(年干吉年)을 가리는 법
이다. 가령, 해·자(亥子)년생일 경우 천간태세(天干太
歲)가 갑(甲)·기(己)·정(丁)·임(壬)·무(戊)·계(癸)
년인 해에 성조운(成造運)이 길하다. 이하 동일함.

(5) 성조연월 길흉운(成造年月吉凶運)

구분 \ 생년	예전 (例田)	건전 (建田)	육임생운 (六壬生運)	육임사운 (六壬死運)	삼재 (三災)	겁살 (劫殺)	재살 (災殺)	천살 (天殺)
신자진생 (申子辰生)	해자축년 (亥子丑年)	인묘년 (寅卯)	신유술해자월 (申酉戌亥子)	축인묘진사오미월 (丑寅卯辰巳午未)	인묘진년 (寅卯辰年)	사년 (巳年)	오년 (午年)	미년 (未年)
해묘미생 (亥卯未生)	인묘진년 (寅卯辰年)	사오년 (巳午)	해자축인묘월 (亥子丑寅卯月)	진사오미신유술월 (辰巳午未申酉戌月)	사오미년 (巳午未年)	신년 (申年)	유년 (酉年)	술년 (戌年)
인오술생 (寅午戌生)	사오미년 (巳午未年)	신유년 (申酉)	인묘진사오월 (寅卯辰巳午月)	미신유술해자월 (未申酉戌亥子月)	신유술년 (申酉戌年)	해년 (亥年)	자년 (子年)	축년 (丑年)
사유축생 (巳酉丑生)	신유술년 (申酉戌年)	해자년 (亥子)	사오미신유월 (巳午未申酉月)	술해자축인묘진월 (戌亥子丑寅卯辰月)	해자축년 (亥子丑年)	인년 (寅年)	묘년 (卯年)	진년 (辰年)

이는 생년 연지(年支)로 길년을 가린 다음 성조년(成
造年)으로 좋은 달을 가리는 법이다. 가령, 신(申)·자
(子)·진(辰)생이 새로 집을 짓고자 성조운을 볼 때 신
(申)·자(子)·진(辰)생에게는 인(寅)·묘(卯) 2년이 건
전(建田)의 길년이 되나 인묘(寅卯)년은 삼재(三災)와
육임사운(六壬死運)을 범하게 되어 불길하다. 그러나 부
득이 인·묘 2년 중에 집을 짓게 될 경우에는 반드시 육
임생운(六壬生運)의 신(申)·유(酉)·술(戌)·해(亥)·
자(子)월을 가려서 성조를 하면 무방하다. 이하 같은 방
법으로 연월(年月)의 길흉을 가리면 된다.

(6) 좌운법(坐運法)

자오묘유년 (子午卯酉年)	진술축미 (辰戌丑未)	을신정계 (乙辛丁癸)	좌 (坐)	대길
진술축미년 (辰戌丑未年)	인신사해 (寅申巳亥)	간곤손건 (艮坤巽乾)	좌 (坐)	대길
인신사해년 (寅申巳亥年)	자오묘유 (子午卯酉)	임병갑경 (壬丙甲庚)	좌 (坐)	대길

이는 좌향으로 길년을 가리는 법인데 예를 들면 자
(子)·오(午)·묘(卯)·유(酉)년에는 진(辰)·술(戌)·
축(丑)·미(未) 좌(坐)나 을(乙)·신(辛)·정(丁)·계
(癸) 좌(坐)를 놓고 성조를 하면 재산이 늘어나고 관록
이 높아지며 또한 귀한 자녀까지 낳는다고 한다.

2. 성조전길일(成造全吉日)

갑자	을축	병인	기사	경오	신미	계유	갑술	을해
(甲子)	(乙丑)	(丙寅)	(己巳)·	(庚午)	(辛未)	(癸酉)	(甲戌)	(乙亥)
병자	정축	계미	갑신	병술	경인	임인	임진	을미
(丙子)	(丁丑)	(癸未)	(甲申)	(丙戌)	(庚寅)	(壬寅)	(壬辰)	(乙未)
정유	경자	계묘	병오	정미	계축	갑인	병진	기미
(丁酉)	(庚子)	(癸卯)	(丙午)	(丁未)	(癸丑)	(甲寅)	(丙辰)	(己未)

　이날은 하늘의 현녀(玄女)가 황제(黃帝)의 질문에 답한 좋은 일진(日辰)이라 한다. 이 전길(全吉) 일진일에는 집을 새로 신축하거나 수리하는데 모두 통용되는 길일이다. 단 가주(家主)의 화해(禍害)·절명(絶命)일만을 피하고 2~3개 길국과 치게되면 대길하다.

3. 기지길일(基地吉日)

좋은 날

갑자	을축	정묘	무진	경오	신미	기묘	신사	갑신	을미
(甲子)	(乙丑)	(丁卯)	(戊辰)	(庚午)	(辛未)	(己卯)	(辛巳)	(甲申)	(乙未)
정유	기해	병오	정미	임자	계축	갑인	을묘	경신	신유
(丁酉)	(己亥)	(丙午)	(丁未)	(壬子)	(癸丑)	(甲寅)	(乙卯)	(庚申)	(辛酉)

　이날은 새로 집을 짓기 위하여 집터를 닦는데 쓰는 좋

5. 수주길일(豎柱吉日)

병인	기사	을해	기묘	신사	갑신	을유	무자	기축
(丙寅)	(己巳)	(乙亥)	(己卯)	(辛巳)	(甲申)	(乙酉)	(戊子)	(己丑)
경인	을미	기해	신축	계묘	을사	무신	기유	임자
(庚寅)	(乙未)	(己亥)	(辛丑)	(癸卯)	(乙巳)	(戊申)	(己酉)	(壬子)
갑인	기미	경신	임술	사주월		인신사해	삼합	
(甲寅)	(己未)	(庚申)	(壬戌)	(四柱月)		(寅申巳亥)	(三合)	
천월덕	황도	성	개					
(天月德)	(黃道)	(成)	(開)					

이날은 기둥을 세우는데 쓰는 좋은 날이다.

6. 상량길일(上樑吉日)

좋은 날

갑자	을축	정묘	무진	기사	경오	신미	임신	갑술	병자
(甲子)	(乙丑)	(丁卯)	(戊辰)	(己巳)	(庚午)	(辛未)	(壬申)	(甲戌)	(丙子)
무인	경진	임오	갑신	병술	무자	경인	갑오	병신	정유
(戊寅)	(庚辰)	(壬午)	(甲申)	(丙戌)	(戊子)	(庚寅)	(甲午)	(丙申)	(丁酉)
무술	기해	경자	신축	임인	계묘	을사	정미	기유	신해
(戊戌)	(己亥)	(庚子)	(辛丑)	(壬寅)	(癸卯)	(乙巳)	(丁未)	(己酉)	(辛亥)
계축	을묘	정사	기미	신유	계해	황도	천덕	월덕	성·개
(癸丑)	(乙卯)	(丁巳)	(己未)	(辛酉)	(癸亥)	(黃道)	(天德)	(月德)	(成開)

은 날이다.

꺼리는 날

현무흑도 (玄武黑道)	천적 (天賊)	수사 (受死)	토기 (土忌)	토금 (土禁)	지파 (地破)	월파 (月破)	토부 (土府)
천지전살 (天地轉殺)	토온 (土瘟)	지낭 (地囊)	정사폐 (正四廢)	건 (建)	파 (破)	수 (收)	

4. 정초길일(定礎吉日)

갑자 (甲子)	을축 (乙丑)	병인 (丙寅)	무진 (戊辰)	기사 (己巳)	경오 (庚午)	신미 (辛未)	갑술 (甲戌)	을해 (乙亥)
무인 (戊寅)	기묘 (己卯)	신사 (辛巳)	임오 (壬午)	계미 (癸未)	갑신 (甲申)	정해 (丁亥)	무자 (戊子)	기축 (己丑)
경인 (庚寅)	계사 (癸巳)	을미 (乙未)	정유 (丁酉)	무술 (戊戌)	기해 (己亥)	경자 (庚子)	임인 (壬寅)	계묘 (癸卯)
병오 (丙午)	무신 (戊申)	기유 (己酉)	임자 (壬子)	계축 (癸丑)	갑인 (甲寅)	을묘 (乙卯)	병진 (丙辰)	정사 (丁巳)
기미 (己未)	경신 (庚申)	신유 (辛酉)	황도 (黃道)	천덕 (天德)	월덕 (月德)	정 (定)	성 (成)	

이는 주춧돌을 놓는데 쓰는 좋은 날이다. 양옥인 경우
에는 기초 콘크리트의 공사에 해당되며 단 정사폐(正四
癈)·천적(天賊)·건(建)·파(破)일은 꺼린다.

위의 날은 상량에 좋은 날이다. 또한 기둥을 세우는 수주일(竪柱日)로 쓰기도 한다.

꺼리는 날

주작흑도	천우흑도	독화	천화	빙소와해	천적	월파
(朱雀黑道)	(天宇黑道)	(独火)	(天火)	(氷消瓦解)	(天賊)	(月破)

천지전살	음양착	대모	천강	정사폐	하괴	수사	복단
(天地転殺)	(陰陽錯)	(大耗)	(天罡)	(正四癈)	(河魁)	(受死)	(伏斷)

이날은 기둥을 세우는데 꺼리는 날이니 피하는게 좋다.

7. 동토길일(動土吉日)

좋은 날

갑자	경오	신미	계유	무인	기묘	경진	신사	갑신	병술
(甲子)	(庚午)	(辛未)	(癸酉)	(戊寅)	(己卯)	(庚辰)	(辛巳)	(甲申)	(丙戌)

갑오	병신	무술	기해	경자	갑진	병오	정미	계축	무오
(甲午)	(丙申)	(戊戌)	(己亥)	(庚子)	(甲辰)	(丙午)	(丁未)	(癸丑)	(戊午)

병진	정사	신유	황도	월공	천덕	월덕	천은	사상	생기
(丙辰)	(丁巳)	(辛酉)	(黃道)	(月空)	(天德)	(月德)	(天恩)	(四相)	(生氣)

옥우	금당	익후	제	정	집	위	성	개
(玉宇)	(金堂)	(益後)	(除)	(定)	(執)	(危)	(成)	(開)

이날은 흙을 다루는데 쓰는 좋은 날이다. 또한 새로 집터를 닦는 기지길일(基地吉日)로 쓰기도 한다.

꺼리는 날

토온	토부	토기	지낭	천적	월건	전살	건	파	평	수
(土瘟)	(土府)	(土忌)	(地囊)	(天賊)	(月建)	(転殺)	(建)	(破)	(平)	(收)

8. 개옥길일(蓋屋吉日)

좋은 날

갑자	정묘	무진	기사	신미	임신	계유	병자	정축	기묘
(甲子)	(丁卯)	(戊辰)	(己巳)	(辛未)	(壬申)	(癸酉)	(丙子)	(丁丑)	(己卯)
경진	계미	갑신	을유	병술	무자	경인	계사	을미	정유
(庚辰)	(癸未)	(甲申)	(乙酉)	(丙戌)	(戊子)	(庚寅)	(癸巳)	(乙未)	(丁酉)
기해	신축	임인	계묘	갑진	을사	무신	기유	경술	신해
(己亥)	(辛丑)	(壬寅)	(癸卯)	(甲辰)	(乙巳)	(戊申)	(己酉)	(庚戌)	(辛亥)
계축	을묘	병진	경신	신유	정	성	개		
(癸丑)	(乙卯)	(丙辰)	(庚申)	(辛酉)	(定)	(成)	(開)		

이날은 지붕을 덮는데 쓰는 좋은 날이다.

꺼리는 날									
고초	천화	독화	지화	수사	천적	월파	월살	건	파
(枯焦)	(天火)	(独火)	(地火)	(受死)	(天賊)	(月破)	(月殺)	(建)	(破)

9. 수조길일(修造吉日)

좋은 날									
갑자	경오	신미	계유	무인	기묘	경진	신사	갑신	병술
(甲子)	(庚午)	(辛未)	(癸酉)	(戊寅)	(己卯)	(庚辰)	(辛巳)	(甲申)	(丙戌)
갑오	병신	무술	기해	경자	갑진	병오	정미	계축	무오
(甲午)	(丙申)	(戊戌)	(己亥)	(庚子)	(甲辰)	(丙午)	(丁未)	(癸丑)	(戊午)
병진	정사	신유	생기	천덕	월덕	월은	정	황도	
(丙辰)	(丁巳)	(辛酉)	(生氣)	(天德)	(月德)	(月恩)	(定)	(黃道)	

꺼리는 날										
토온	토부	토기	지낭	천적	월건	전살	건	파	평	수
(土瘟)	(土府)	(土忌)	(地囊)	(天賊)	(月建)	(転殺)	(建)	(破)	(平)	(收)

10. 수조문길일(修造門吉日)

갑자	을축	신미	계유	갑술	임오	갑신	을유	무자	기축
(甲子)	(乙丑)	(辛未)	(癸酉)	(甲戌)	(壬午)	(甲申)	(乙酉)	(戊子)	(己丑)
신묘	계사	을미	기해	경자	임인	무신	임자	갑인	병진
(辛卯)	(癸巳)	(乙未)	(己亥)	(庚子)	(壬寅)	(戊申)	(壬子)	(甲寅)	(丙辰)
무오	황도	생기	천덕	월덕	개	만	성		
(戊午)	(黃道)	(生氣)	(天德)	(月德)	(開)	(滿)	(成)		

　이날은 신·구옥을 막론하고 문을 새로 내거나 만들어 다는데 쓰는 좋은 날이다. 단, 춘작동문(春作東門)·하작남문(夏作南門)·추작서문(秋作西門)·동작북문(冬作北門)이라하여 이 때는 문을 수선도 하지 않는다고 한다.

11. 파옥일(破屋日)

> 월파(月破) 및 파일(破日)

　이날은 집을 헐거나 담장을 허는데 쓰는 좋은 날이다.

12. 색문일(塞門日)

> 복단일(伏斷日)과 폐일(閉日)

이날은 문을 막아버리거나 길을 막는데 쓰는 좋은 날이다. 단, 병인(丙寅)·기사(己巳)·경오(庚午)·정사(丁巳) 및 사폐일(四廢日)은 꺼린다.

13. 투수일(偸修日)

임자 (壬子)	계축 (癸丑)	병진 (丙辰)	정사 (丁巳)	무오 (戊午)	기미 (己未)	경진 (庚辰)	신유 (辛酉)

위 팔일은 모든 흉신이 천상에서 조회(朝會)하기 위하여 상천(上天)하는 날이라 한다. 그래서 이날에 집을 짓거나 수리를 하면 좋다고 한다.

14. 천정일(穿井日)

좋은 날

갑자 (甲子)	을축 (乙丑)	계유 (癸酉)	병자 (丙子)	임오 (壬午)	계미 (癸未)	갑신 (甲申)	을유 (乙酉)	정해 (丁亥)	무자 (戊子)
계사 (癸巳)	갑오 (甲午)	을미 (乙未)	무술 (戊戌)	경자 (庚子)	신축 (辛丑)	임인 (壬寅)	을사 (乙巳)	기유 (己酉)	신해 (辛亥)
계축 (癸丑)	정사 (丁巳)	무오 (戊午)	기미 (己未)	경신 (庚申)	신유 (辛酉)	계해 (癸亥)	황도 (黃道)	천덕 (天德)	월덕 (月德)
천덕합 (天德合)	월덕합 (月德合)	생기 (生氣)	성 (成)	개 (開)					

이날은 우물을 파거나 수도를 설치할 때 쓰는 좋은 날이다. 그리고 방위로는 인방(寅方)이면 장수를 하고 묘(卯)・진(辰)・사(巳)방은 부귀하다고 한다.

꺼리는 날

연가삼살 (年家三殺)	토온 (土瘟)	지격 (地隔)	지낭 (地囊)	흑도 (黑道)	천적 (天賊)	수사 (受死)	토기 (土忌)	
월가흉살 (月家凶殺)	토부 (土府)	혈기 (血忌)	수격 (水隔)	정사폐 (正四癈)	건 (建)	파 (破)	평 (平)	수 폐 (收) (閉)
천갈일 : (泉渴日)	신사 (辛巳)	기축 (己丑)	경인 (庚寅)	임진 (壬辰)	무신 (戊申)			
천폐일 : (天閉日)	무진 (戊辰)	신사 (辛巳)	기축 (己丑)	경인 (庚寅)	갑인 (甲寅)			

15. 수정일(修井日)

임오 (壬午)	갑신 (甲申)	무술 (戊戌)	경자 (庚子)	신축 (辛丑)	을사 (乙巳)	신해 (辛亥)	계축 (癸丑)	정사 (丁巳)	성 (成)

이날은 우물이나 수도 등을 고치는데 쓰는 좋은 날이다. 천정일(穿井日)과 통용한다.

16. 개지당일(開池溏日)

갑자	을축	임오	갑신	계사	무술	경자	신축	을사
(甲子)	(乙丑)	(壬午)	(甲申)	(癸巳)	(戊戌)	(庚子)	(辛丑)	(乙巳)
신해	계축	정사	신유	계해	천덕	월덕	천덕합	
(辛亥)	(癸丑)	(丁巳)	(辛酉)	(癸亥)	(天德)	(月德)	(天德合)	
월덕합	생기	성	개					
(月德合)	(生氣)	(成)	(開)					

이날은 연못을 파거나 수영장 등을 조성하는데 쓰는
좋은 날이다.

17. 작측일(作厠日)

경진	병술	계사	임자	기미	천롱	지아	천을	절기
(庚辰)	(丙戌)	(癸巳)	(壬子)	(己未)	(天聾)	(地啞)	(天乙)	(絶氣)
복단	토폐일							
(伏斷)	(土閉日)							

변소는 이날에 지어야 좋다고 한다. 단 1월 29일은 꺼
린다.

18. 수측일(修厠日)

기묘	임오	임자	을묘	무오
(己卯)	(壬午)	(壬子)	(乙卯)	(戊午)

변소는 이날에 수축을 해야 좋다고 한다. 단 1월 29일
은 작측일(作厠日)과 같이 꺼리는 날이니 피하는게 좋
다.

19. 작축사일(作畜舍日)

좋은 날

갑자	정묘	신미	을해	기묘	갑신	무자	기축	신묘	임진
(甲子)	(丁卯)	(辛未)	(乙亥)	(己卯)	(甲申)	(戊子)	(己丑)	(辛卯)	(壬辰)

경자	임인	갑진	을사	임자	천덕	월덕	성	개
(庚子)	(壬寅)	(甲辰)	(乙巳)	(壬子)	(天德)	(月德)	(成)	(開)

축사는 이날에 신축을 하거나 수리를 해야 좋다고 한
다.

꺼리는 날

무인	경인	무오	천적	사폐
(戊寅)	(庚寅)	(戊午)	(天賊)	(四癈)

20. 안대애일(安碓磑日)

좋은 날

경오	신미	갑술	을해	경인	경자	경신	천롱	지아
(庚午)	(辛未)	(甲戌)	(乙亥)	(庚寅)	(庚子)	(庚申)	(天聾)	(地啞)

정	성	개
(定)	(成)	(開)

이날에 방앗간 즉, 정미소(精米所)나 제유소(製油所) 등을 수축하면 좋다고 한다.

꺼리는 날

천적	토부	토부	지낭	건	파	평	수
(天賊)	(土府)	(土符)	(地囊)	(建)	(破)	(平)	(收)

21. 조창고일(造倉庫日)

봄 :	기사	정사	정미	여름 :	기사	갑오
(春)	(己巳)	(丁巳)	(丁未)	(夏)	(己巳)	(甲午)

가을 :	을해	임오	겨울 :	신미	경인	임진	을미	을해	병진
(秋)	(乙亥)	(壬午)	(冬)	(辛未)	(庚寅)	(壬辰)	(乙未)	(乙亥)	(丙辰)

성	개
(成)	(開)

이날에 창고를 신축하면 좋다고 한다.

22. 수창고일(修倉庫日)

갑자	을축	병인	정묘	임오	갑오	을미	만
(甲子)	(乙丑)	(丙寅)	(丁卯)	(壬午)	(甲午)	(乙未)	(滿)

이날은 창고를 고치는데 쓰는 좋은 날이다.

23. 수돌일(修突日)

갑자	갑신	을축	을유	무인	기묘	신사	계축	경신
(甲子)	(甲申)	(乙丑)	(乙酉)	(戊寅)	(己卯)	(辛巳)	(癸丑)	(庚申)

이날에 방구들을 놓거나 수리를 하면 좋다고 한다.

24. 작조일(作竈日)

갑술	갑신	갑오	을해	을미	병신	정유	무진	무신
(甲戌)	(甲申)	(甲午)	(乙亥)	(乙未)	(丙申)	(丁酉)	(戊辰)	(戊申)
기유	경술	신해	임진	임술	계유	계미	계축	
(己酉)	(庚戌)	(辛亥)	(壬辰)	(壬戌)	(癸酉)	(癸未)	(癸丑)	

이날은 아궁이를 만들고 솥을 거는데 쓰는 좋은 날이다.

25. 조묘기일(造廟忌日)

인 신 사 해 진 술						및	신호 귀곡
(寅)(申)(巳)(亥)(辰)(戌)							(神號)(鬼哭)

이날은 사당을 짓는데 꺼린다는 날이다. 특히 대장군(大將軍) 및 태세(太歲) 방위도 함께 꺼린다.

신호귀곡일(神號鬼哭日)

월별 구분	1	2	3	4	5	6	7	8	9	10	11	12
신호일 (神號日)	술 (戌)	해 (亥)	자 (子)	축 (丑)	인 (寅)	묘 (卯)	진 (辰)	사 (巳)	오 (午)	미 (未)	신 (申)	유 (酉)
귀곡일 (鬼哭日)	미 (未)	술 (戌)	진 (辰)	인 (寅)	오 (午)	자 (子)	유 (酉)	신 (申)	사 (巳)	해 (亥)	축 (丑)	묘 (卯)

보기 1월의 경우 술(戌)일은 신호(神號)일이고, 미(未)일은 귀곡(鬼哭)일이다.

26. 출입문 길흉방(出入門吉凶方)(1)

문방(門方)／가좌(家坐)	임자계 (壬子癸)	축간인 (丑艮寅)	갑묘을 (甲卯乙)	잔손사 (辰巽巳)	병오정 (丙午丁)	미곤신 (未坤申)	경유신 (庚酉辛)	술건해 (戌乾亥)
임자계 (壬子癸)	귀혼 (歸魂)	오귀 (五鬼)	천을 (天乙)	생기 (生氣)	연년 (延年)	절명 (絶命)	화해 (禍害)	육살 (六殺)
축간인 (丑艮寅)	오귀 (五鬼)	귀혼 (歸魂)	육살 (六殺)	절명 (絶命)	화해 (禍害)	생기 (生氣)	연년 (延年)	천을 (天乙)
갑묘을 (甲卯乙)	천을 (天乙)	육살 (六殺)	귀혼 (歸魂)	연년 (延年)	생기 (生氣)	화해 (禍害)	절명 (絶命)	오귀 (五鬼)
진손사 (辰巽巳)	생기 (生氣)	절명 (絶命)	연년 (延年)	귀혼 (歸魂)	천을 (天乙)	오귀 (五鬼)	육살 (六殺)	화해 (禍害)
병오정 (丙午丁)	연년 (延年)	화해 (禍害)	생기 (生氣)	천을 (天乙)	귀혼 (歸魂)	육살 (六殺)	오귀 (五鬼)	절명 (絶命)
미곤신 (未坤申)	절명 (絶命)	생기 (生氣)	화해 (禍害)	오귀 (五鬼)	육살 (六殺)	귀혼 (歸魂)	천을 (天乙)	연년 (延年)
경유신 (庚酉辛)	화해 (禍害)	연년 (延年)	절명 (絶命)	육살 (六殺)	오귀 (五鬼)	천을 (天乙)	귀혼 (歸魂)	생기 (生氣)
술건해 (戌乾亥)	육살 (六殺)	천을 (天乙)	오귀 (五鬼)	화해 (禍害)	절명 (絶命)	연년 (延年)	생기 (生氣)	귀혼 (歸魂)

　가좌(家坐)는 집이 앉은 방위를 뜻하고 문방(門方)은 집 중앙에서 본 출입문(대문)의 방위를 이른다. 이 때 오귀(五鬼)·화해(禍害)·절명(絶命)·육살(六殺)이　닿

는 방위의 출입문은 흉하고 귀혼(歸魂)은 평중(平中)하
며 생기(生氣)·천을(天乙)·연년(延年)이 닿는 출입문
방위는 대길하다.

27. 출입문 길흉방 (2)

가좌 (家坐)	문　　방 (門　　方)
임 (壬)	오·병(午丙)방의 문은 귀자를 낳고, 해·건(亥乾)방의 문은 벼슬과 승진이 있다고 한다.
자 (子)	사·병(巳丙)방의 문은 사람이 총명하고, 미·곤(未坤)방의 문은 가축이 잘 되며, 술·건(戌乾)방의 문은 백사에 길하다.
계 (癸)	사·병(巳丙)방의 문은 용모가 아름다운 수재를 낳고, 미·곤(未坤)방의 문은 벼슬에 급제하며, 술·건(戌乾)방의 문은 집안이 화목하고 백사에 모두 길하다.
축 (丑)	축(丑)은 계좌(癸坐)와 동일하다.
간 (艮)	오·정(午丁)방의 문은 벼슬에 급제를 하고, 신·경(申庚)방의 문은 가축이 잘 되면서 횡재수가 있다.

인 (寅)	신·경(申庚)방의 문은 벼슬과 승진이 있고, 오·정(午丁)방의 문은 재물이 늘어난다.
갑 (甲)	신·경(申庚)방의 문은 재물이 늘어나고, 오·정(午丁)방의 문은 호걸이 출생하며, 술·건(戌乾)방의 문은 가정이 화목하다.
묘 (卯)	자·계(子癸)방의 문은 부귀 겸전하고, 사·병(巳丙)방의 문은 식록(食祿)이 풍성하며, 술·건(戌乾)방의 문은 승진을 하면서 재물이 늘어난다.
을 (乙)	자·계(子癸)방의 문은 총명한 사람이 나오고, 술·건(戌乾)방의 문은 문장(紋章)이 배출된다고 한다.
진 (辰)	술·건(戌乾)방의 문은 공직에 출세를 하고, 자·계(子癸)방의 문은 재산이 늘어나며, 신·경(辛庚)방의 문에는 집안이 화목하다.
손 (巽)	술·건(戌乾)방의 문은 정의로운 사람이 배출되고, 신·경(申庚)방의 문은 자손이 총명하며, 자·계(子癸)방의 문에는 횡재를 하여 부자가 된다고 한다.
사 (巳)	축·간(丑艮)방의 문은 가축이 잘 되고, 해·임(亥壬)방의 문은 공직자가 배출되며, 미·곤(未坤)방의 문은 예술로 자산을 모은다고 한다.

병 (丙)	축·간(丑艮)방의 문은 횡재수가 있고 해·임(亥壬)방의 문은 집안이 화목하며, 미·곤(未坤)방의 문은 부자가 된다.
오 (午)	축·간(丑艮)방의 문은 아내로 기인하여 부자가 되고, 진·손(辰巽)방의 문은 부부가 화순하다.
정 (丁)	간·인(艮寅)방의 문은 총명한 자녀가 출생하고, 자·계(子癸)방의 문은 문무겸전(文武兼全)한 인재가 배출된다고 한다.
미 (未)	진·손(辰巽)방의 문은 아내로 기인하여 치부(致富)를 하고, 병신(丙辛)방의 문은 미인이 배출되며, 인·간(寅艮)방의 문은 사람과 가축이 함께 번성된다.
곤 (坤)	인·갑(寅甲)방의 문은 문무겸전한 재사가 나오고, 술·건(戌乾)방의 문은 지기(志氣)의 선비가 배출되며 자·손(子巽)방의 문은 가축이 잘 된다고 한다.
신 (申)	술·건(戌乾)방의 문은 부귀 겸전하고, 진·손(辰巽)방의 문은 총명한 수재가 나오며, 인·갑(寅甲)방의 문이면 공직에 출세한다.
경 (庚)	술·건(戌乾)방의 문은 의리 강한 사람이 배출되고, 진·손(辰巽)방의 문에는 자녀들의 용모가 아름다우며, 인·갑(寅甲)방의 문은 승진을 하면서 재물이 늘어난다.

유 (酉)	미·곤(未坤)방의 문은 충의(忠義)로운 사람이 배출되고, 진·손(辰巽)방의 문은 아내로 기인하여 치부(致富)를 하며, 인·갑(寅甲)방의 문은 사람과 재물이 함께 늘어난다.
신 (辛)	인·갑(寅甲)방의 문은 벼슬에 오르고 자·계(子癸)방의 문은 사람과 재물이 함께 흥성하며, 진·손(辰巽)방의 문은 자녀들이 아름답다.
술 (戌)	진·손(辰巽)방의 문은 정의로운 사람이 나오고, 오·정(午丁)방의 문은 재산이 늘어나며, 인·갑(寅甲)방의 문은 횡재로 치부를 한다.
건 (乾)	임·간(壬艮)방의 문은 예술로 성가하고, 미·곤(未坤)방의 문은 충효(忠孝)한 사람이 배출된다고 한다.
해 (亥)	축·간(丑艮)방의 문에는 수재가 나오고, 신·술(辛戌)방의 문은 전답이 늘어나며, 미·경(未庚)방의 문에서는 자녀들이 효순(孝順)한다고 한다.

28. 주택 신축시 고려사항(考慮事項)

(1) 택지(宅地) 를 선정할 때

○ 택지는 햇볕과 바람을 고려해서 서쪽이 높고 동쪽이 낮은 것보다 북쪽이 높고 남쪽이 낮은 것이 좋고, 북쪽이 높고 남쪽이 낮은 것보다는 북서쪽이 높고 동남쪽이 낮은 것이 더 좋다. 이는 일조량(日照量)이 많고 추운 겨울 서북풍(西北風)을 막아주기 때문이다.

○ 우뚝 솟은 봉우리 위에는 정자(亭子)나 별장(別莊)은 지어도 상주하는 주택은 짓지 않는다. 전망은 좋겠지만 고립무원(孤立無援)의 처지가 되기 쉬운 흉지로 본다. 이와 반대로 움푹 들어간 소형분지(小形盆地)도 흉상지로 본다.

○ 절벽 위의 집터도 흉지이고, 또한 절벽 바로 밑의 집터도 흉상지로 본다.

○ 과거에 늪이나 쓰레기 처리장·변소·우물 등을 매립한 곳도 좋치 못하다.

○ 택지나 건물은 정사각형(正四角形)보다 3:2(앞면이 3 옆면이2) 정도의 직사각형(直四角形)을 더 좋게 본다.

○ 집터는 생땅이 좋다. 과거에 공장이 서 있던 곳이라면 표토(表土)를 긁어내고 신선한 객토를 까는게 좋다. 이는 독성 가스가 지표(地表)로 항상 방출되기 때문

에 집안에 환자가 잘 생긴다고 한다.(침수지·쓰레기 매립장·변소자리·퇴비장 등)

(2) 집을 새로 지을 때

여기서는 공통된 고려 사항만 약술하고 택향(宅向)과 구조·배치 등에 관한 사항은 생략한다.

ㅇ 큰방은 정북방(正北方)만을 피하면 어느 방위든지 좋다고 한다. 만일 큰방 내실(內室)의 중앙이 집의 중앙에서 보아 정북(正北)에 해당되면 침대를 놓거나 이부자리를 깔 때 한쪽 가장자리로 정하면 무방하다고 한다.

ㅇ 서재로 쓰는 작은 방은 북서(北西)쪽이 제일 좋고 다음은 정동(正東)·남동(南東)·정남(正南) 방위가 길방이다.

ㅇ 학생들의 공부방은 문창귀인(文昌貴人)방위가 제일 좋다. 이는 택향(宅向)을 기준으로 하며 다음과 같다.

택향 (宅向)	자 (子)	계 (癸)	축 (丑)	간 (艮)	인 (寅)	갑 (甲)	묘 (卯)	을 (乙)	진 (辰)	손 (巽)	사 (巳)	병 (丙)
문창귀인방 (文昌貴人方)	진 (辰)	손 (巽)	사 (巳)	병 (丙)	오 (午)	정 (丁)	미 (未)	곤 (坤)	신 (申)	경 (庚)	유 (酉)	신 (辛)
택향 (宅向)	오 (午)	정 (丁)	미 (未)	곤 (坤)	신 (申)	경 (庚)	유 (酉)	신 (辛)	술 (戌)	건 (乾)	해 (亥)	임 (壬)
문창귀인방 (文昌貴人方)	술 (戌)	건 (乾)	해 (亥)	임 (壬)	자 (子)	계 (癸)	축 (丑)	간 (艮)	인 (寅)	갑 (甲)	묘 (卯)	을 (乙)

○ 학생의 책상은 출입문을 등지는 것보다 출입문을 향하던가 아니면 직각으로 배치하는 것이 좋다고 본다.

○ 천정은 알맞게 높아야 좋고 방바닥의 높이는 균등하게 층이지지 않는 것이 좋다.

○ 부엌은 옛부터 대단히 중시해왔다. 그 어느 방 보다도 환기 설비가 잘 되어야 한다. 방위로는 정동(正東)과 동남간(東南間)이 가장 좋고, 정서방(正西方)은 문이 많아서 흉방으로 친다. 기타 방위는 정방(正方)만을 피한 천간(天干)방위가 좋고 정사간(正四間) 방위는 보통으로 친다.

○ 변소는 방위보다 구조 설비와 관리를 더 중시하고 있다. 방위상으로 길방(吉方)은 없고 무방한 방위만 있다. 정사방(正四方: 동서남북)과 정사간(正四間) 방위는 모두 흉방으로 치고 여타 방위는 무방한 것으로 보나 무엇보다 깨끗하게 관리를 잘 해야지 그렇치 못하면 흉하다.

○ 마당에 있는 우물이나 수도전(水道栓)이 남쪽에 있는 것은 좋치 못하다. 쓰지 않는 우물이 집안에 있으면 방위를 불문하고 불길하다. 그래서 사용하지 않는 우물은 메우는 것이 좋고 「수도전」은 동쪽이나 서쪽으로 옮기는 것이 이롭다.

○ 그림 ①과 같이 출입문과 출입문끼리 일직선상에 있는데다가 문을 여닫는 방향이 동일한 집은 좋치 않다.

그림 ②과 같이 출입문 여닫는 방향이 다르고 두 벽에 있는 문끼리 일직선상에 있지 않고 바람이 직선으로 지나가지 않는 구조가 길상이다.

○ 창문이 터무니없이 많고 특히 서쪽에 창문이 많은 집은 재운(財運)이 약하다고 하니 명심해 두기 바란다.

기존 건물이 이럴 경우 커튼과 병풍 등으로 조절하면 무난하다고 한다.

<그림 ①>

<그림 ②>

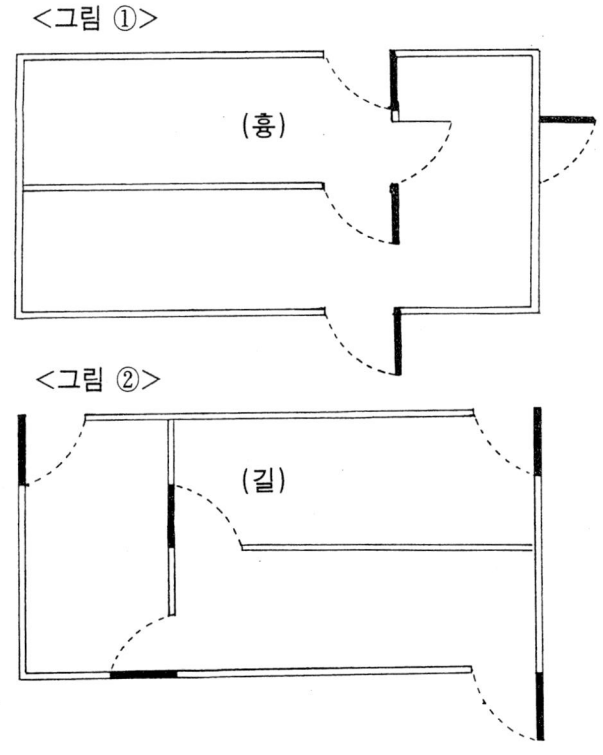

제9장 상장택일(喪葬擇日)

  택일 중에서도 가장 어렵고 복잡한 것이 이 음택(陰宅)이다. 그리하여 대개는 공망선택(空亡選擇) 등 가장 간단하고도 쉬운 것만 골라서 택일하는 예가 허다하다. 여기서도 그러한 점을 감안해서 쉬운것만 정리하여 알기 쉽게 기술한다.

1. 축월안장 길일(逐月安葬吉日)

좋은 날

월별 (月別)	일 진 (日 辰)
1월	계유 정유 을유 신유 기유 병인 임오 병오 (癸酉)(丁酉)(乙酉)(辛酉)(己酉)(丙寅)(壬午)(丙午)
2월	병인 임신 갑신 경인 임인 기미 병신 경신 (丙寅)(壬申)(甲申)(庚寅)(壬寅)(己未)(丙申)(庚申)
3월	경오 임신 계유 임오 갑신 을유 병신 정유 병오 경신 신유 (庚午)(壬申)(癸酉)(壬午)(甲申)(乙酉)(丙申)(丁酉)(丙午)(庚申)(辛酉)
4월	을축 경오 계유 정축 임오 을유 기축 갑오 정유 기유 신유 (乙丑)(庚午)(癸酉)(丁丑)(壬午)(乙酉)(己丑)(甲午)(丁酉)(己酉)(辛酉)
5월	신미 임신 갑술 경진 갑신 경인 병신 임인 갑진 갑인 경신 (辛未)(壬申)(甲戌)(庚辰)(甲申)(庚寅)(丙申)(壬寅)(甲辰)(甲寅)(庚申)
6월	임신 계유 을해 계미 갑신 을유 경인 신묘 을미 병신 임인 (壬申)(癸酉)(乙亥)(癸未)(甲申)(乙酉)(庚寅)(辛卯)(乙未)(丙申)(壬寅) 병오 무신 갑인 경신 신유 (丙午)(戊申)(甲寅)(庚申)(辛酉)
7월	임신 계유 병자 임오 갑신 을유 임진 병신 정유 (壬申)(癸酉)(丙子)(壬午)(甲申)(乙酉)(壬辰)(丙申)(丁酉) 병오 기유 임자 병진 (丙午)(己酉)(壬子)(丙辰)
8월	기사 임신 계유 갑신 을유 경인 임진 병신 임인 (己巳)(壬申)(癸酉)(甲申)(乙酉)(庚寅)(壬辰)(丙申)(壬寅) 을사 병진 정사 경신 신유 (乙巳)(丙辰)(丁巳)(庚申)(辛酉)
9월	병인 경오 갑술 임오 경인 임인 병오 신해 무오 (丙寅)(庚午)(甲戌)(壬午)(庚寅)(壬寅)(丙午)(辛亥)(戊午)

10월	갑자 (甲子)	경오 (庚午)	신미 (辛未)	계유 (癸酉)	병자 (丙子)	임오 (壬午)	임진 (壬辰)	갑오 (甲午)	을미 (乙未)	
	경자 (庚子)	갑진 (甲辰)	병오 (丙午)	병진 (丙辰)						
11월	임신 (壬申)	갑신 (甲申)	경인 (庚寅)	임진 (壬辰)	병신 (丙申)	임인 (壬寅)	갑진 (甲辰)	임자 (壬子)	갑인 (甲寅)	경신 (庚申)
12월	병인 (丙寅)	임신 (壬申)	계유 (癸酉)	무인 (戊寅)	갑신 (甲申)	을유 (乙酉)	경인 (庚寅)	병신 (丙申)	임인 (壬寅)	갑인 (甲寅)	경신 (庚申)

꺼리는 날

괴강 (魁罡)	현교 (絢咬)	중상 (重喪)	복일 (復日)	입좌 (入坐)	전살 (轉殺)	지낭 (地囊)	백호 (白虎)	사시 (四時)	대묘 (大墓)
빙소와해 (氷消瓦解)	음차 (陰差)	양착 (陽錯)	평 (平)	수 (收)	개 (開)	건 (建)	파 (破)		

음택(陰宅)에 있어서는 초상시 시일 관계로 길일을 가리지 못하고 형편에 따라 3일장, 5일장, 7일장 등을 하는데 이는 원칙이 아니고 하나의 관습이며 2일장, 4일장도 할 수 있다. 단 중상(商喪)일과 중일(重日)·복일(復日) 등은 중흉(重凶)하다는 꺼리는 날이니 피하는게 좋다.

2. 천우불수총길일(天偶不守塚吉日)

경오	신미	임신	계유	무인	기묘	임오	계미	갑신	을유	경신
(庚午)	(辛未)	(壬申)	(癸酉)	(戊寅)	(己卯)	(壬午)	(癸未)	(甲申)	(乙酉)	(庚申)
갑오	을미	병신	정유	임인	계묘	병오	정미	무신	기유	신유
(甲午)	(乙未)	(丙申)	(丁酉)	(壬寅)	(癸卯)	(丙午)	(丁未)	(戊申)	(己酉)	(辛酉)

이날은 이장(移葬)을 하거나 수묘(修墓)를 할 때 쓰는 좋은 날이다.

3. 수묘 길일(修墓吉日)

⑴ 천상천하대공망일(天上天下大空亡日)

을축	갑술	을해	계미	갑신	을유	임진	계사	갑오	임인	계묘	임자
(乙丑)	(甲戌)	(乙亥)	(癸未)	(甲申)	(乙酉)	(壬辰)	(癸巳)	(甲午)	(壬寅)	(癸卯)	(壬子)

이날은 이장(移葬)할 때 고인의 연령과 구분(舊墳)의 좌향(坐向)을 모르거나 또는 급히 시일이 촉박할 때에는 이 공망일을 사용해도 무방하다.

⑵ 두수일(偸修日)

대한(大寒)후 10일,   입춘(立春)전 5일

이날은 연·월·일·시의 상극(相剋)을 보지 않아도 무해하다. 특히 당일이 제일 좋고 전후 1일도 가용할 수 있는 다음가는 무해한 날이다.

⑶ 세관교승(歲官交承)

대한(大寒)후 5일,　입춘(立春)전 2일

이날은 신세(新歲)·구세(舊歲)의 관신(官神)이 서로 교체되는 시기가 되어 흉살을 꺼리지 않고 임의로 장매(葬埋)를 해도 무방하다고 한다.

⑷ 한식(寒食)과 청명(淸明)

한식(寒食)은 동지(冬至)후 105일
청명(淸明)은 한식(寒食)전　1일

이날은 지상의 제신(諸神)이 상천(上天)을 하여 이장(移葬)·수묘(修墓)·개분(改墳)·입석(立石) 등 모두에 무방한 좋은 날이다.

4. 사초운(沙草運)

연운(年運)	묘좌(墓坐)
자・오・묘・유 (子)(午)(卯)(酉)	간인・갑묘・곤신・경유 (艮寅)(甲卯)(坤申)(庚酉)
진・술・축・미 (辰)(戌)(丑)(未)	임자・계축・병오・정미 (壬子)(癸丑)(丙午)(丁未)
인・신・사・해 (寅)(申)(巳)(亥)	신술・건해・을진・손사 (辛戌)(乾亥)(乙辰)(巽巳)

사초에도 연운이 있다. 「자・오・묘・유」년에는 「간입・갑묘・곤신・경유」좌가 좋고 「임자・계축・병오・정미」좌에는 「진・술・축・미」년이 길년이다.

5. 구묘(舊墓) 이장운(移葬運)

묘좌(墓坐)	연운(年運)
임자・계축・병오・정미 (壬子)(癸丑)(丙午)(丁未)	소운(小運): 자(子) 오(午) 묘(卯) 유(酉) 대운(大運): 진(辰) 술(戌) 축(丑) 미(未)
간인・갑묘・곤신・경유 (艮寅)(甲墓)(坤申)(庚酉)	소운(小運): 인(寅) 신(申) 사(巳) 해(亥) 대운(大運): 자(子) 오(午) 묘(卯) 유(酉)
을진・손사・신술・건해 (乙辰)(巽巳)(辛戌)(乾亥)	소운(小運): 진(辰) 술(戌) 축(丑) 미(未) 대운(大運): 인(寅) 신(申) 사(巳) 해(亥)

이는 구묘의 좌(坐)로서 이장(移葬) 연운(年運)을 본다. 「임자·계축·병오·정미」좌에는 「진·술·축·미」년이 대운이고 「자·오·묘·유」년은 소운이다.

6. 이장연운(移葬年運)

행사 당년 태세(太歲)와 망인(亡人) 생년(生年)의 납음오행(納音五行)으로 보는데 상생운(相生運)이면 길하니 가용하고 비화(比和)도 역시 가용한다. 단 상극(相剋)이 되면 흉하니 절대 사용하면 안 된다.

예를 들면 갑술(甲戌)생 망인(亡人)의 구묘를 을묘(乙卯)년에 이장한다고 가정하면 갑술(甲戌)생은 납음오행(納音五行)이 「화」(火)「갑술·을해: 산두화(山頭火)」이고 을묘(乙卯)년은 납음오행이 「수(水)」「갑인·을묘: 대계수(大溪水)」가 되니 수극화(水剋火) 상극(相剋)이 되어 불길하고 병진(丙辰)년 이면 오행이 「토(土)」「병진·정사: 사중토(沙中土)」이니 화생토(火生土) 상생(相生)이 되어 길하다. 여타도 이와 같이 비례해 보면서 이장(移葬) 연운(年運)을 가리기도 한다.

7. 이장일(移葬日)

좋은 날

안장일 (安葬日)	음양부장길일 (陰陽不將吉日)	천·월덕합 (天月德合)	월재 (月財)	정 (定)	개 (開)
경오 (庚午)	신미 (辛未)	임신 (壬申)	계유 (癸酉)	무인 (戊寅)	기묘 (己卯)	임오 (壬午)	계미 (癸未)	갑신 (甲申)
을유 (乙酉)	갑오 (甲午)	을미 (乙未)	병신 (丙申)	정유 (丁酉)	임인 (壬寅)	계묘 (癸卯)	병오 (丙午)	정미 (丁未)
무신 (戊申)	기유 (己酉)	경신 (庚申)	신유 (辛酉)

이날은 「천우불수총길일(天牛不守塚吉日)」과 같이 이장(移葬)을 하거나 수묘(修墓)를 할 때 쓰는 좋은 날이다.

꺼리는 날

지격 (地隔)	토기 (土忌)	토온 (土瘟)	금신 (金神)	순산라후 (巡山羅候)	천관부 (天官符)	파 (破)
개 (開)	건 (建)	수 (收)	여 (女)	허 (虛)	묘 (卯)	삼 (參)	정 (井)	유 (柳)	익 (翼)
복단일 (伏斷日)	구진흑도 (句陳黑道)

8. 취토길방(取土吉方)

연지 (年支)	자오 (子午)	축미 (丑未)	인 (寅)	묘 (卯)	진 (辰)	사해 (巳亥)	신 (申)	유 (酉)	술 (戌)
방위 (方位)	신 (申)	술 (戌)	자 (子)	사 (巳)	묘진 (卯辰)	오 (午)	오 (午)	미 (未)	유 (酉)

　광중을 메우기 전에 먼저 길방(吉方)의 흙을 약간 취
하여 넣고 메우면 좋다고 한다.

9. 축월참초파토일(逐月斬草破土日)

월별	일진(日辰)
1월	경오　정묘　임오 (庚午) (丁卯) (壬午)
2월	경오　임오　갑오　병오 (庚午) (壬午) (甲午) (丙午)
3월	임신　갑오 (壬申) (甲午)
4월	갑자　을축　정묘　경오　경진　임오　신묘　임진　계묘 (甲子) (乙丑) (丁卯) (庚午) (庚辰) (壬午) (辛卯) (壬辰) (癸卯) 갑진　계축　경자 (甲辰) (癸丑) (庚子)
5월	임인　계축　갑인 (壬寅) (癸丑) (甲寅)
6월	정묘　임신　갑신　계묘　신묘　병신　을묘 (丁卯) (壬申) (甲申) (癸卯) (辛卯) (丙申) (乙卯)

7월	갑자 (甲子)	정묘 (丁卯)	기묘 (己卯)	임오 (壬午)	을묘 (乙卯)	임진 (壬辰)	신묘 (辛卯)	계묘 (癸卯)	병오 (丙午)
8월	을축 (乙丑)	임진 (壬辰)	갑진 (甲辰)	계축 (癸丑)					
9월	경오 (庚午)	임오 (壬午)	신묘 (辛卯)	계묘 (癸卯)	정묘 (丁卯)	병오 (丙午)	을묘 (乙卯)		
10월	갑자 (甲子)	경오 (庚午)	신미 (辛未)	정묘 (丁卯)	신묘 (辛卯)	을묘 (乙卯)			
11월	임신 (壬申)	갑신 (甲申)	병신 (丙申)	무진 (戊辰)	을미 (乙未)				
12월	임신 (壬申)	갑신 (甲申)	병신 (丙申)	임인 (壬寅)	갑인 (甲寅)	경신 (庚申)			

단 천온(天瘟)·토온(土瘟)·중상(重喪)·복일(復日)·천적(天賊)·지파(地破) 및 건(建)·파(破)·평(平)·수(收)일 등과 중복이 되면 꺼린다.

10. 안장주당(安葬周堂)

객 (客)	부 (父)	남 (男)
부 (婦)		손 (孫)
모 (母)	여 (女)	사 (死)

큰 달에는 「부(父)」에서 초하루를 이르켜 「남(男)」으로 순행하고 작은 달에는 「모(母)」에서 초하루를 이르켜

「여(女)」로 역행한다. 이렇게 장사 당일까지 짚어가는데
「사(死)」에 이르면 길하고 그 외에는 해당되는 사람만
하관(下棺)할 때 잠시 피하면 된다.

11. 상장흉살일(喪葬凶殺日)

(1) 중상(重喪)·중일(重日)·복일(復日)

월별 구분	1월	2월	3월	4월	5월	6월	7월	8월	9월	10월	11월	12월
중상 (重喪)	갑 (甲)	을 (乙)	기 (己)	병 (丙)	정 (丁)	기 (己)	경 (庚)	신 (辛)	기 (己)	임 (壬)	계 (癸)	기 (己)
중일 (重日)	사해 (巳亥)	사해 (巳亥)	사해 (巳亥)	사해 (巳亥)	사해 (巳亥)	사해 (巳亥)	사해 (巳亥)	사해 (巳亥)	사해 (巳亥)	사해 (巳亥)	사해 (巳亥)	사해 (巳亥)
복일 (復日)	갑경 (甲庚)	을신 (乙辛)	무기 (戊己)	병임 (丙壬)	정계 (丁癸)	무기 (戊己)	갑경 (甲庚)	을신 (乙辛)	무기 (戊己)	병임 (丙壬)	정계 (丁癸)	무기 (戊己)

초상(初喪)이 나서 장사(葬事)날을 가릴 경우 다른 신
살(神殺)은 보지 않더라도 중상(重喪)일과 중일(重日)·
복일(復日)만은 피하여 장일(葬日)을 정한다.

이는 글자 그대로 중복이 된다는 뜻을 지니고 있기 때
문에 길사(吉事)에는 중길(中吉)이 되어 무방하지만 흉
사(凶事)에는 중흉(重凶)이 되어 피하는게 좋다.

⑵ 밀일(密日)

술(戌)일	축(丑)일	진(辰)일	미(未)일	자(子)일	갑(甲)일	기(己)일
각(角)	정(井)	규(奎)	두(斗)	유(柳)	미(尾)	벽(壁)

「밀일」에는 안장(安葬)을 하지 않으며 꺼린다.

⑶. 팔산도침일(八山刀砧日)

자 인 진 오 신 술 (子) (寅) (辰) (午) (申) (戌)	연일(年日)	병 정 임 계 좌 (丙) (丁) (壬) (癸) (坐)
축 묘 사 미 유 해 (丑) (卯) (巳) (未) (酉) (亥)	연일(年日)	갑 을 경 신 좌 (甲) (乙) (庚) (辛) (坐)

이날도 안장(安葬)을 하지 않는 꺼리는 흉일이다.

⑷ 입지공망일(入地空亡日)

일진	부장망명	일진	부장망명	일진	부장망명
경오 (庚午)	갑·기년생 (甲己年生)	경진 (庚辰)	을·경년생 (乙庚年生)	경인 (庚寅)	병·신년생 (丙辛年生)
경술 (庚戌)	정·임년생 (丁壬年生)	경신 (庚申)	무·계년생 (戊癸年生)		

연월(年月)을 막론하고 일진(日辰)이 경오(庚午)가 되면 갑(甲)·기(己)년생(갑자·갑술·갑오·기축·기묘 등)의 망인(亡人)을 장사(葬事)지내지 않고 경진(庚辰)이면 을(乙)·경(庚)년생 망인을 장사 지내지 않는다.

12. 정상기방(停喪忌方)

연일(年日)	기방(忌方)	연일(年日)	기방(忌方)
사·유·축 (巳酉丑)	축·간·인 (丑艮寅)	신·자·진 (申子辰)	진·손·사 (辰巽巳)
인 오 술 (寅)(午)(戌)	술 건 해 (戌乾亥)	해 묘 미 (亥卯未)	미 곤 신 (未坤申)

「정상기방」은 광중(壙中)을 기준하여 상여(喪輿)나 영구차를 안치할 때 사(巳)·유(酉)·축(丑) 연일(年日)에는 축(丑)·간(艮)·인(寅) 방위에 정상(停喪: 상여를 안치)을 하지 않고 신(申)·자(子)·진(辰) 연(年)이나 날(日)에는 진(辰)·손(巽)·사(巳) 방위에 정상(停喪)을 하지 않는다.

13. 제주(祭主) 불복방(不伏方)

(1) 삼살방(三殺方)

연일(年日)	방위(方位)	연일(年日)	방위(方位)
신·자·진 (申子辰)	사·오·미 (巳午未)	사·유·축 (巳酉丑)	인·묘·진 (寅卯辰)
인 오 술 (寅)(午)(戌)	해 자 축 (亥子丑)	해 묘 미 (亥卯未)	신 유 술 (申酉戌)

(2) 양인방(羊刃方)

연지 (年支)	갑 (甲)	을 (乙)	병 (丙)	정 (丁)	무 (戊)	기 (己)	경 (庚)	신 (申)	임 (壬)	계 (癸)
방위 (方位)	묘 (卯)	진 (辰)	오 (午)	미 (未)	오 (午)	미 (未)	유 (酉)	술 (戌)	자 (子)	축 (丑)

제주 불복 방위는 상주(喪主)가 업드려 큰절을 하지 않는 방위이다. 따라서 이 불북 방위에는 설빈(設殯)도 하지 않는다.

14. 정충(正冲) 및 순충(旬冲)

「정충」과 「순충」은 입관(入棺) 또는 하관(下棺)할 때 보지않고 잠시 피해야 할 사람을 가리는 법이다.

정충(正冲): 갑자(甲子)생이 갑오(甲午)일을 만나거나 을축(乙丑)생이 을미(乙未)일을 만나는 것 등인데 즉 본명(本命)과 일진(日辰)의 천간(天干)이 같고 지지(地支)가 상충(相冲)되는 사람이다.

순충(旬冲): 갑자(甲子)생이 경오(庚午)일(경오는 갑자순중에 있음)을 만나거나 정축(丁丑)생이 계미(癸未)일(계미는 갑술순중에 있음)을 만나는 것 등인데 이는 곧 같은 순중(旬中)에 일지

15. 하관길시(下棺吉時)

⑴ 황도시(黃道時)

일지 (日支)	자·오 (子午)	축·미 (丑未)	인·신 (寅申)	진·술 (辰戌)	사·해 (巳亥)	묘·유 (卯酉)
시각 (時刻)	오·신 (午申)	사·신 (巳申)	진사미 (辰巳未)	진사신 (辰巳申)	진오미 (辰午未)	오·미 (午未)

⑵ 귀인시(貴人時)

일간 (日干)	갑무경 (甲戊庚)	을·기 (乙己)	병·정 (丙丁)	신 (辛)	임·계 (壬癸)	
시각 (時刻)	미 (未)	신 (申)	유 (酉)	오 (午)	사 (巳)	

　「하관시」는 황도시에 귀인시를 겸하면 더욱 좋고 그렇지 못하면 그냥 「황도시」만 가려 써도 좋다.

16. 상장(喪葬)에 꺼리는 흉살(凶殺)

중상 (重喪)	중일 (重日)	정음 (正陰)	방음부 (傍陰符)	황천구퇴 (皇天灸退)	태세 (太歲)	장군전 (將軍箭)
대장군 (大將軍)	부천공망 (浮天空亡)	좌살 (坐殺)	향살 (向殺)	제라후 (諸羅候)	제관부 (諸官符)	타겁 (打刼)
혈인 (血刃)	삼살 (三殺)	구천주작 (九天朱雀)	대모 (大耗)	팔산도침 (八山刀砧)	산가곤룡 (山家困龍)	복일 (復日)

이는 제반 상장(喪葬)행사에 꺼리는 흉살이다. 가급적 흉살을 피하고 길신을 가려서 택일하는 것이 택일의 기본이다.

17. 장법 요론(葬法要論)

(1) 조상(祖上)과 자손(子孫)

인생은 육체(肉體)와 영혼(靈魂)의 이원(二元)으로 결합이 되어서 사람이 죽으면 육체는 청산(靑山)에 한 줌 흙으로 사라지지만 영혼은 영원히 불멸하여 천계(天界)나 지계(地界)에 존재한다고 한다. 그리고 인간은 조상(祖上)의 영기(靈氣)와 자손(子孫)의 생기(生氣)가 상통하여 조상의 신령(神靈)이 편안하면 그 자손도 평안하고 이와 달리 조상의 신령이 편안하지 못하면 그 자손도 평안하지 못하여 곧 쇠잔해진다고 한다.

이와 같은 맥락에서 조상은 나무의 뿌리가 되고 자손은 그 나무의 줄기가 되어 열매를 맺는 것과 같은 이치로 보고 있다.

그래서 자손된 마음 항상 내 조상을 지성으로 받들고 싶어하고 조상의 영혼 또한 내 자손을 사랑하고 음덕(蔭德)을 베풀고자 하나 뜻과 같지 않는 것이 풍수지리의 자연 속에서 음양(陰陽)과 오행(五行)의 기(氣)에 감응(感應)되어 그 시체와 영혼도 천태만상(千態萬象)으로 변화하고 자손에게 미치는 영기(靈氣)의 영향도 천차만별(千差萬別)하다고 한다.

이 변화의 원리에 의해서 발현(發現)되는 명산길지(名山吉地)의 영기(靈氣)는 그 자손에게 덕(德)을 주고 이와 반대로 악산흉지(惡山凶地)의 영기(靈氣)는 그 자손에게 화(禍)가 미친다고 한다.

이와 같이 조상의 영기(靈氣)와 자손의 생기(生氣)가 결합되는 현상은 흡사 TV화면의 실황 중계처럼 묘지(墓地)의 현황이 그대로 곧 자손의 현실에 발현된다고 한다.

그러나 우리가 조상을 섬기고 위하는 것은 그 어떤 음덕을 바란다는 것보다도 유구한 역사와 효행사상(孝行思想)의 바탕 위에서 숭조이념(崇祖理念)이 뿌리 깊게 전승(傳承)되어 조상을 숭배하는 정신이 그 어느 민족보다 투철하기 때문이라 생각된다.

그리고 우리가 항상 조상을 숭배하는 것은 곧 우리의

뿌리를 북돋우는 것이 되고 아울러 우리의 정신을 함양하면서 우리의 자손에게 숭조이념(崇祖理念)을 고취하고 효행정신(孝行精神)을 배양하는 데도 큰 의의가 있다고 본다.

⑵ 명당(明堂)이란 어떤 곳인가

산에 햇빛이 잘 드는 곳을 명(明)이라 하고 물이 모여 흐르는 곳을 당(堂)이라 이르며 이를 함께 묶어 명당(明堂)이라 하는데, 이는 곧 아주 좋은 묘지(墓地)나 집터 같은 곳을 뜻한다.

옛 산서(山書)에서 묘지 풍수의 요체는 용(龍)·혈(穴)·사(砂)·수(水)의 사상(四相)이 있고, 길흉화복(吉凶禍福)의 기틀은 오고(得水) 가는 물(破口)을 위주로 하여 생기(生氣)를 타고 입향(立向)을 하는 데 달렸다고 하였다. 이를 다시 한 번 간략하게 요약하면, 주산(主山)은 풍만하고 수려하면서 세찬 바람을 막아주고, 내룡(來龍)은 강왕하면서 기복(起伏)과 변화가 있고, 입수용맥(入首龍脈)에는 산천의 정기(精氣)가 모여지고, 청룡(靑龍)과 백호(白虎)는 유순하면서 포옹하고, 결혈지(結穴地)에는 생기(生氣)가 융결(融結)되고, 안산(案山)과 조산(朝山)은 단정하게 조응(朝應)을 하고, 안수(案水)는 고요하게 모여서 혈(穴)을 감싸고 구불구불 멀리서 보일듯 말듯 흘러가고, 전후 좌우에는 아름다운 길사(吉砂)들이 나열(羅列)하면 명당(明堂)이 된다고 이르고 있으나, 이론산으로는 쉬워도 하나같지 않은 지세(地勢)와 천태만상(千態萬象)으로 생긴 지형(地形)에서 명당(明堂)을 찾아 길흉과 이해를 추상(推想)하고 추정(推定)하는 풍수술(風水術)이란 보통사람으로서는 여간 어려운 일이 아니다. 이론적으로도 학설이 구구하고 또한 실제적으로 직접 관찰하는 견해도 서로가 다를 수 있으며, 아울러 자칫하면 착오를 범하기가 쉬운데 여기에다 음양오행의 개념과 조화의 원리를 투영(投影)하게 되니 참으로 가리기가 어려운 것이 명당 자리가 아닌가 생각된다.

이 대지(大地) 위에는 명산길지(名山吉地)도 있고 악산흉지(惡山凶地)도 있는데, 명산길지에는 음양오행(陰陽五行)에 상합(相合)하여 만물이 번성하고, 악산흉지에는 음양오행이 상충(相冲)되어 만물이 쇠잔해진다고 한다. 이와 같은 맥락에서 우리 겨레는 오랜 유교(儒敎)사상과 함께 풍수(風水)사상이 뿌리깊게 전승(傳承)되어 오면서 아직까지는 조상의 묘를 명당 길지에 잘 모셔야 후손이 발복(發福)하고 흥왕(興旺)하는 것으로 생각하는 경향이 지배적이기는 하나 근래에 와서는 지리에 밝은 현명한 지사(地師)를 만나기가 어렵고, 또한 제한된 산지(山地)에다 이미 분묘는 총총히 들어 있으니 더욱 「명당」을 찾아 가리기가 어렵다.

그래서 자기집 구산(求山)은 당사자들이 직접 여러 서적들을 탐독하고 연구하여 산천을 두루 답사하면서 마음 가는 곳을 선정하여 현명한 지사(地師)에게 다시 자문을 구하고 있음을 흔히 볼 수 있으나, 본시 대지(大地) 명당(明堂)이란 찾아 내기도 어렵지만 천지신령(天地神靈)이 맡고 갈무린 곳이 되어서 쉽게 구할 수가 없다.

　그래서 너무 명산(明山) 대지(大地)에만 집착되어「명당」을 구하려다 작은 길지(吉地)도 얻지 못하는 수가 있으니 크고 작은 것에 구애를 말고 겸허한 마음으로 구산(求山)에 임해야 한다. 「명당」의 자리는 꼭 넓은 것이라야 좋은 것은 아니다. 당(堂) 주위의 용맥(龍脈)을 잘 보고 우아하고 깨끗한 혈지(穴地)를 가려서 음습(陰濕)하지 않고 세찬 바람이 불어 닿지 않으면 물의 흐름을 주의깊게 관찰하여 왕생방(旺生方)을 찾고 좌향(坐向)을 정돈하여서「명당」인지 명지인지 아닌지를 가리면 무방하리라.

　비록 작은 땅이라도 덕을 닦은 공이 있으면 정혈(正穴)을 얻어서 능히 발복(發福)하고 장구히 보전할 수 있으니 꾸준히 관심깊게 정성을 다하면 명지(明地)를 얻으리라.

⑶ 복인(福人)과 길지(吉地)

　예부터 많은 사람들이 명산길지(名山吉地)를 구하고자 하나 그 명산길지를 얻는다는 것은 그리 쉬운 일이 아니다.

　옛 훈화(訓話)에 "복인(福人)이 되어야 좋은 명지(明地)를 만난다"라고 하였는데, 여기서 복인이란 선천적으로 타고난 수복강녕(壽福康寧)의 복을 이르는 것이 아니라 후천적(後天的)으로 자기 자신이 근명성실하게 부단히 노력하면서 남에게 알려지지 않은 덕행(德行)을 많이 한 음덕가(陰德家)를 복인(福人)이라 한다. 다시 말하면 권세 높은 사람은 권세 약한 미천한 사람을 보호하고, 돈 많은 부자는 돈 없는 가난한 사람을 구호하고, 평범한 보통사람이면 슬픔에 젖어 있는 사람을 위안하고, 연세 높은 노인을 보면 친 부모와 같이 공경하고, 연약한 어린이를 보면 자기 자식과 같이 사랑하면서 사람들과 더불어 즐거움을 함께 하고, 바른 손이 하는 일을 왼손이 모르게 하고, 덕을 베풀되 그것을 기억함이 없이 행해야 음덕이 된다고 옛 경전(經典)에서는 이르고 있다.

그리하여 후덕한 복인이 못 되면 설령 넓은 산을 가졌다 해도 길지(吉地)를 찾아 얻기가 어렵고, 또한 요행이 명지(明地)를 얻었다 해도 발복(發福)을 받지 못하고 도리어 재화(災禍)를 다하는 사례가 허다히 있다. 그 이유는 천신(千神)이 불응(不應)하여 재혈(裁穴)과정에서 우연히 본의 아니게 과오를 범하게 되고 아울러 길한 것이 흉한 것으로 변하기 때문이라 한다.

일찍이 공자(孔子)도 "선행(善行)을 많이 한 사람에게는 하늘이 복(福)으로써 보답하고 이와 달리 악행(惡行)을 한 사람에게는 화(禍)로써 갚는다"라 하였다.

이를 다시 되풀이하면 명산길지는 복인이 되어야 얻어서 길이 보전을 하고, 그렇치 못하면 요행이 길지를 얻는다 해도 이장(移葬)을 하거나 갈질 수 없는 일이 생기게 된다고 한다.

우리가 흔히 볼 수 있는 것은 많은 사람들이 내왕하는 야산 길가에서도 명지를 얻고 순박한 나무꾼들이 명산을 잡기도 하는데 이는 백신(百神)이 소장(所藏)하고 있다가 후덕한 사람에게 그 대지(大地)와 명사(明師)가 함께 주어지는 것이라 한다.

그래서 명산 길지를 구하는 근본은 모름지기 복인(福人)이 되도록 덕행(德行)을 하고 음덕(陰德)을 쌓아야 명지를 얻어서 길이 발복하고 영구히 보전할 수 있다는 것을 독자는 유념하기 바란다.

⑷ 시신(屍身)은 평안하게

일찍이 공자(孔子)는 "산소의 자리를 잘 가려서 부모의 유체(遺體)와 혼백(魂魄)을 잘 모셔야 효자(孝子)라" 하였고, 정자(程子)는 "산소의 자리를 가리려면 먼저 그 땅의 길흉(吉凶)부터 가리라. 땅이 아름다우면 신령(神靈)이 편안하고 따라서 자손도 평안하다. 이는 마치 나무의 뿌리를 북돋우면 그 가지와 잎이 무성하는 것과 같이 조상과 자손은 신령ㅇ스러운 기운이 상동하여 신령이 평안하면 자손도 평안하고 부조(父祖)와 신령이 불안하면 그 자손도 불안하다"라고 하였다.

주자(朱子)는 또 "장사(葬事)라는 것은 그 조상이나 부모의 유체(遺體)를 땅 속에 편안히 모시는 것인데, 자손으로서 조상과 부모의 유체를 편안히 모시려면 반드시 조심스럽게 정성을 다하여 편안하게 영구히 잘 보존될 수 있도록 하라. 또한 그렇게 함으로써 자손도 길이 발복하여 대대로 번성하고 제사를 받드는 이가 끊이지 않을 것이다. 만일 이와 달리 정성스러이 좋은 자리를 가리지 못하고 불길하면 반드시 물이 고이거나 나쁜 벌레 등 속이 침입하여 시신(屍身)을 해치게 된다. 이렇게 되면 신령도 불안하고 아울러 그 자손도 재화(災禍)를 입거나 후사(後嗣)가 끊어지는 근심이 생길 수도 있으니 심히 두려운 일이다."라고 이르고 있다.

⑸ 가분묘(假墳墓)의 설정

빈손으로 왔다가 빈손으로 가는 우리 인생! 이 넓은 대지 위에 아무데나 자기의 육신이나 부모의 유체(遺體)를 함부로 묻고 싶은 사람은 없을 것이다.

그리고 자식된 마음 부모 생전에 다하지 못한 효도를 돌아가신 뒤라도 보답하고자 편안히 모시려는 그 심정은 예나 지금이나 다를 바 없다.

그런데 우리가 갑자기 하루 아침에 상고(喪故)를 당하여 오열(嗚咽) 속에서 장지를 구한다는 것은 그리 쉬운 일이 아니다. 어느 집에서는 효성이 지극하여 천우신조(天佑神助)로 산신령이 현몽(現夢)하여 명산(明山)을 얻었다고도 하며, 어느 자손은 범과 사슴같은 짐승이 산소 자리를 인도하여 명당 자리를 얻었다고는 하나 요행으로 좋은 자리를 얻게되면 그런 다행함이 없겠으나 불행하게

도 촉망 중에 불길한 자리가 가려지게 되어 물이 숨어들
거나 자갈, 잡석(雜石) 등이 많이 나오게 되면 이는 부
모를 흡사 진구렁이나 돌무덤에 버리는 격이 되어 불효
막심함은 물론이거니와 그 흉해(凶亥)가 곧 자손에게 미
친다고 하니 정성 기울이지 않을 수 없다.

본지 묘지(墓地) 풍수(風水)는 학술론에서도 분분다석
(粉粉多說)하고 직접 산을 관찰하는 데도 지사(地師)들
간에 견해를 달리하여 착오를 일으키기가 쉬우니 여유를
가지고 지리에 밝은 어진 명사(明師)를 미리 구하여 사
후 안식처 즉 신후지지(身後之地)를 결정하여 가분묘(假
墳墓)를 설정하는 것도 좋은 방법이라 본다.

대개 자손들이 솔선하는 일도 많지만 연만한 당사자가
주관하여 사후 후손들에게 발복이 되었으면 하는 바램도
크고, 또한 짧은 장례 일정에 자손들의 편의를 도모하는
일도 되며, 아울러 뒷날 여유를 가지고 아무 후회없이
안장(安葬)할 수 있는 좋은 일이라 본다. 풍수지리에서
도 가분묘(假墳墓)의 설정은 무방한 것으로 보고 있다.

⑹ 부장지(不葬地)

부장지(不葬地)란 묘(墓)를 쓰지 못 할 곳을 이르는데
장성(藏書)에서 이르기를 다음과 같은 곳에는 장사(葬
事)를 하지 못한다고 하였으니 함부로 묘를 써서는 안
된다.

○ **석산**(石山)

석산이란 흙이 별로 없는 암석(岩石)으로 혈성된 산을 이르는데 이런 곳에 묘를 쓰면 집안이 망한다고 한다. 본시 지기(地氣)란 흙을 통해서 흐르기 때문에 흙이 없으면 지기가 흐를 수 없어 융합(融合)을 하지 못한다.

○ **과산**(過山)

과산은 산맥이 멈추지 않고 뻗어 끌고 지나는 산을 뜻한다. 지기는 본래 산세 멈추는 곳에 융결이 되는데, 산맥이 멈춤 없이 등을 지고 달아나면 지기가 멈출 리 없다. 이런 산에 묘를 써서도 안 된다.

○ **독산**(獨山)

독산이란 홀로 외롭게 노출되어 있는 무정한 산을 이르며, 이런 곳에는 지기 자체도 생겨나지 않아 묘지로는 적합하지 않다. 지기는 후강전응(後岡前應: 뒤는 언덕, 앞은 물)하고 중산환합(衆山環合: 여러 산이 둘러쌈)하는 곳에 융결이 되는데 홀로 있는 산에 지기가 있을리 없다.

○ **동산**(童山)

동산이란 초목이 없는 황폐한 산을 말한다. 이런 산에서는 지기가 생겨나지 않아 음양이 화합하지를 못한다. 이런 황폐한 산에 묘를 쓰면 집안이 빈곤하고 대대로 생계가 어려워진다고 한다. 본시 산이 있는 곳에 물이 있어야 하고 흙이 있는 곳에는 초목이 있게 마련인데 그렇지 못하니 지기가 있을 리 없고 그러므로 해서 묘지로는 부적당하다.

○ **단산**(斷山)

단산이란 무너지거나 끊어진 산을 뜻한다. 다만 자연스럽게 결함 없이 끊어진 것과는 다르다. 끊어진 산에는 지기가 면면히 흘러 뭉치지 않고 생겨나지도 않아 묘를 써서는 안 된다.

제10장 사주간명(四柱看命)

1. 사주(四柱)의 구성(構成)

사주(四柱)란 생년(生年)·생월(生月)·생일(生日)·생시(生時)의 4개 간지(干支)를 기둥(柱)으로 하여 조성(組成)된 여덟자의 천간(天干)과 지지(地支)를 사주팔자(四柱八字)라 칭한다.

출생한 년(年)을 연주(年柱)라 하고,

출생한 월(月)을 월주(月柱)라 하며,

출생한 일(日)을 일주(日柱)라 하고,

출생한 시(時)를 시주(時柱)라 이른다.

이는 생일의 천간(天干)을 주 중심(主中心)으로 각 주(各柱) 상호간의 간지를 연계 대조하여 음양과 오행의 상생(相生)·상극(相剋)·조화(調和) 등의 각종 변화를 통해서 인생의 선천적(先天的) 숙명운(宿命運)을 추리 간명하게 된다.

본시 사주 추명학은 심오하고 난해한 학문이 되어 여기서는 일반적인 상식 정도로 극히 간략하게 기술한다.

2. 천간생왕(天干生旺) 12운성표

12운 \ 천간	장생(長生)	목욕(沐浴)	관대(冠帶)	건록(建祿)	제왕(帝旺)	쇠(衰)	병(病)	사(死)	묘(墓)	절(絶)	태(胎)	양(養)
갑(甲)	해(亥)	자(子)	축(丑)	인(寅)	묘(卯)	진(辰)	사(巳)	오(午)	미(未)	신(申)	유(酉)	술(戌)
을(乙)	오(午)	사(巳)	진(辰)	묘(卯)	인(寅)	축(丑)	자(子)	해(亥)	술(戌)	유(酉)	신(申)	미(未)
병(丙)	인(寅)	묘(卯)	진(辰)	사(巳)	오(午)	미(未)	신(申)	유(酉)	술(戌)	해(亥)	자(子)	축(丑)
정(丁)	유(酉)	신(申)	미(未)	오(午)	사(巳)	진(辰)	묘(卯)	인(寅)	축(丑)	자(子)	해(亥)	술(戌)
무(戊)	인(寅)	묘(卯)	진(辰)	사(巳)	오(午)	미(未)	신(申)	유(酉)	술(戌)	해(亥)	자(子)	축(丑)
기(己)	유(酉)	신(申)	미(未)	오(午)	사(巳)	진(辰)	묘(卯)	인(寅)	축(丑)	자(子)	해(亥)	술(戌)
경(庚)	사(巳)	오(午)	미(未)	신(申)	유(酉)	술(戌)	해(亥)	자(子)	축(丑)	인(寅)	묘(卯)	진(辰)
신(辛)	자(子)	해(亥)	술(戌)	유(酉)	신(申)	미(未)	오(午)	사(巳)	진(辰)	묘(卯)	인(寅)	축(丑)
임(壬)	신(申)	유(酉)	술(戌)	해(亥)	자(子)	축(丑)	인(寅)	묘(卯)	진(辰)	사(巳)	오(午)	미(未)
계(癸)	묘(卯)	인(寅)	축(丑)	자(子)	해(亥)	술(戌)	유(酉)	신(申)	미(未)	오(午)	사(巳)	진(辰)

이는 일주(日柱)의 천간(天干)을 본신(本身)으로 삼고 각주 지지(地支)와 연계 대조해서 추리 간명하는데, 예를 들면 1995년 2월 16일 18:00시생의 경우 다음과 같이 사주가 구성 된다.

> 연주: 을해(乙亥)
> 월주: 기묘(己卯)
> 일주: 병오(丙午)
> 시주: 정유(丁酉)

구성된 사주의 일주 천간 「병(丙)」을 기준으로 하여 천간 생왕 12운성표에서 옆으로 찾으면 다음과 같이 운성이 나온다.

> 연지: 을해(乙亥) 절(絶)
> 월지: 기묘(己卯) 목욕(沐浴)
> 일지: 병오(丙午) 제왕(帝旺)
> 시지: 정유(丁酉) 사(死)

이렇게 좌성(座星)이 완정(完定)되면 다음 운기표(運氣表)에서 해당 운기를 찾아 간명하면 된다.

(1) 천간생왕 12운성의 운기(運氣)

○ 장생(長生) 「대길(大吉)」

장생은 만물이 시생(始生)함을 뜻하고 번영과 발전을 암시하는 최고의 길성(吉星)이 되어 점진적으로 행복하며 장래가 촉망된다.

〔年〕 대개 조부모의 덕이 있고 의식이 유여하며 만년 (晚年)에 더욱 향상·발전 행복하다.

〔月〕 부모·형제에게 모두 덕이 있고 중년에 크게 발전 성공한다.

〔日〕 대개 중년전 일찍 발전하여 부부운이 좋고 부모 ·형제가 모두 유덕하다. 단 무인(戊寅)·정유(丁酉)일 에 태어난 사람은 복덕이 약간 약해도 병인(丙寅)·임신 (壬申)일에 출생자는 더욱 대길하여 상서롭다.

〔時〕 현명한 자녀를 두고 노후에 편안히 수복을 누리 는 안일한 명주.

○ **목욕**(沐浴) 「**중흉**(中凶)」

사람이 이 세상에 태어나서 처음으로 목욕을 하는 형 상이라 이쁘기도 하지만 추워하고 숨막히는 고통과 어려 움도 함께 따르는 희비의 굴곡이 있다.

〔年〕 양친이 고향을 떠나 타관에서 고생을 하며 본신 도 말운이 곤궁하다.

〔月〕 중년에 신상의 변동이 발생하거나 또는 부부와의 인연이 바뀌지 않으면 장자와 떨어져 살게 된다.

〔日〕 부모와 인연이 엷고 어려서부터 고생한다. 본시 부모의 세업을 계승하기는 어렵고 고향을 떠나 타향에서 지내게 된다. 다만 「을사(乙巳)」일 생은 덕망있고 존경 받으나 복이 약간 박약하다. 간혹 복덕을 겸비하면 몸이 병약해질 수 있다.

〔時〕 처자가 다같이 무정하고 본인 또한 만년 운기가

그리 행복하지는 못하다.

○ **관대**(冠帶) 「**대길**(大吉)」

관대는 학업을 마치고 공직에 취업하여 사회에 첫 출발하는 형상과 흡사하여 처음으로 성년의 대접을 받고 책임과 의무가 막중해지는 분망기라 본다.

〔年〕 명문 출신으로 세업을 이어받고 출세도 기약할 수 있으나 부부의 인연이 박약하여 흠이다.

〔月〕 개성이 뚜렷하고 투철한 집념으로 초지를 관철하여 40세 전후에 대성 발전한다.

〔日〕 재덕(財德)을 겸비(兼備)하여 존경을 받고 이름을 떨치게 되나 남녀간에 좋은 배필을 얻기가 어렵다. 특히 임술(壬戌)·계축(癸丑)일 생의 여자는 성품이 강직하여 남편과 인연이 변할 수 있다.

〔時〕 시지 관대는 자녀들이 현숙하고 효도하며 영달한다.

○ **건록**(建祿) 「**대길**(大吉)」

건록은 완전하게 성숙된 30~40대 초기의 인생으로 본다. 남의 지배와 간섭을 배제하고 자주 독립하는 과정과 흡사하여 항구적인 계획과 치밀한 설계로 충분한 댓가를 보상 받는다.

〔年〕 선대가 번창하여 초년에도 순탄하지만 만년에도 평안하고 행복하다.

〔月〕 형제는 자수 성가하고 자신은 중년에 대성 발전한다. 여자는 경제적 활동을 하게 된다.

〔日〕 재주있고 총명하여 가업을 계승하지만 남녀 공히 애정은 원만하지 못하다. 다만 유소시에 행복한 사람은 간혹 중년후에 운기 쇠퇴하고 이와 반대로 중년전에 불행한 사람은 중년후에 운기가 전개될 수 있다.

〔時〕 시지의 녹(祿)은 귀록(歸祿)이라 하여 자녀손이 발복하고 말년이 행복하다.

○ **제왕**(帝旺) 「**중길**(中吉)」

이는 최고의 강왕함을 뜻하며 그 기세가 극히 왕성함을 나타낸다. 사람에게는 국록과 권위가 최고 절정에 이른 전성기라 할 수 있다.

〔年〕 좋은 집안의 명문 출신이며 본명은 자비심이 많은편이다.

〔月〕 성격이 엄격하고 남에게 굽힐줄 모른다. 그래서 부모·형제와도 정의가 두텁지 못하다.

〔日〕 동정심은 있으나 운기가 너무 강왕하여 부모와 인연이 엷어진다. 일찍이 고향을 떠나게 되고 부부와의 인연도 변하기가 쉽다.

여자는 자립정신이 강하고 특히 병오(丙午)·무오(戊午)·정사(丁巳)·임자(壬子)·기사(己巳)·계해(癸亥)일 생은 부부의 인연이 변하여 홀로 지내는 이가 많다.

〔時〕 시지의 제왕은 자녀손이 그 가문을 빛내고 본신의 말년운도 전개되어 대길하다.

○ **쇠**(衰) 「**대흉**(大凶)」

이는 정기와 심혈이 쇠진되어 기력이 쇠퇴하고 재산도

줄어들며, 용기도 저하되어 무거운 짐을 혼자서 감당할
수 없는 형상이라 본다.

〔年〕 가문이 점차 쇠퇴하고 자신도 말년운이 부진하여
사회적으로 두각을 나타내기가 어렵다.

〔月〕 부모·형제의 운세가 점차 약해지고 자신의 중년
기 운도 저조하여 가끔 뜻밖에 남으로 기인한 손재를 당
하기도 한다.

〔日〕 부모와 인연이 엷고 또한 처와도 인연이 아름답
지 못하여 변동수가 따르며, 고향을 떠나 곤고하게 지내
게 된다. 여자는 겉과 속이 다르며 몹시 냉정하다. 특히
갑진(甲辰)·경술(庚戌)·신미(辛未)일 생은 좋은 배필
을 만나기가 어렵다.

〔時〕 자녀들의 덕은 기대할 수 없고 또한 불효를 한
다. 그렇치 않으면 항상 자녀를 위하여 노력하고 근심을
해야하는 불행한 자녀운이다.

○ **병(病)「대흉(大凶)」**

이는 만물이 늙어서 시들고 원기가 쇠퇴하면서 병에
드는 형상이라 앙상한 가지처럼 보기에도 괴롭고 피로하
다.

〔年〕 연지에 「병」이 위치하면 부모가 병약하거나 아니
면 자신이 어릴 때 건강이 좋치 못하다.

〔月〕 부모·형제중 유고하거나 중년기에 운기 쇠퇴하
여 건강이 좋치 못하고 또한 가사로 기인하여 가슴 아픈
일이 생긴다.

〔日〕 사람은 다정 다감하나 어린시절 병약하여 큰 병을 치루고 부모와 함께 부부의 인연도 좋치 못하여 일찍 이별수도 따른다.

여자는 다재 다능하지만 남편과의 인연이 불길하여 고독하다. 특히 계유(癸酉)일 생은 부부운이 좋치 못하다.

〔時〕 시지 「병(病)」은 자녀운이 좋치 못하다. 비록 자식을 두더라도 병약하여 그 자식 때문에 걱정하는 일이 많이 생긴다.

○ 사(死) 「대흉(大凶)」

이는 흡사 오곡 백과가 다 익어 모체에서 분리되는 시기와 같아서 백사에 의욕이 없고 생각만 깊어 매우 정적인 상태라 할 수 있다.

〔年〕 연지에 「사(死)」가 위치하면 선대가 빈천하고 본인은 타향살이를 하게 된다.

〔月〕 월지 「사」는 부모·형제와 인연이 엷어서 떨어져 살게되고 항상 고독감을 갖는다.

〔日〕 유·소시 반드시 큰 병을 치루게 되고 부부의 운도 좋치 못하여 자식 두기가 어려우며 또한 하는 일도 성취되는 것 없이 수고만 이어진다.

여자는 남편을 이기려는 극성 때문에 현명한 자식 얻기가 어렵다. 특히 을해(乙亥)·경자(庚子)일 생은 부부운도 불길하고 자녀운도 불미하다.

〔時〕 시지에 「사(死)」가 위치하면 자녀운이 불미하고 말년운 또한 불길하다.

○ **묘(墓)「대흉(大凶)」**

일명 장(葬)이라고도 하는데 이는 사람이 하루의 일과를 마치고 가정에 돌아와 휴식을 취하는 것과 같아서 정적이면서 가장 안정된 상태라 할 수 있다.

〔年〕연지「묘위」는 장자가 아니더라도 고향을 지키면서 선영(先塋)을 수호하고 제사를 모신다.

〔月〕월지「모위」는 부모·형제·처첩과 모두 인연이 박하고 남으로 기인한 지출이 많으며 가끔 손재를 보는 수도 있다.

〔日〕부모와 인연이 엷어서 일찍이 고향을 떠나 타관에서 곤고한 생활을 한다. 그러나 중년 이후부터는 점차 발복하여 크게 발전한다. 단 일찍이 부잣집에서 태어난 사람은 중년기부터 운기가 쇠퇴하여 노고가 많고 말운이 불행하다.

여자는 좋은 남편을 만나기가 어렵고 특히 정축(丁丑)·임진(壬辰)일 생은 부부운이 아름답지 못하다.

〔時〕어릴적부터 체질이 허약하여 잔병으로 고생을 하고 자녀운도 좋치 못하여 그 자식으로 말미암아 더욱 고생을 하게 되고 말년이 외롭다.

○ **절(絶)「대흉(大凶)」**

절은 일명「포(胞)」라고도 한다. 이는 일생의 생사를 일주하여 끝마치고 다음 세대가 이어지는 태식(胎息)의 순간과 흡사하다.

〔年〕연주「절」은 조상의 음덕이 약하고 본신은 어린

시절 고생이 많으며 또한 부모의 세업도 이어받지 못하고 타향살이를 하게 된다.

〔月〕부모·형제와 인연이 엷으며 성장 과정에서 고생이 많고 사회활동에도 고립무원(孤立無援)하여 범사에 손실이 많다.

〔日〕부모와 처덕이 없고 타향살이를 하며 호색으로 기인하여 망신을 하고 좋은 아내를 얻기가 어렵다.

〔時〕자녀들과 인연이 엷으면 자식으로 인하여 근심과 걱정이 많이 야기된다.

○ **태**(胎)「**중길**(中吉)」

사람이 처음으로 부모의 정기를 받아 모체에서 한 생명이 이어짐과 같아서 미래의 희망과 발전을 꿈꾸는 한유(閑裕)한 시기라 본다.

〔年〕유년시절에 부모의 변화가 있게 되고 노후에는 집안이 불안정하다.

〔月〕청년기 직업의 변환이 빈번하고 방침과 계획이 자주 변동되어 발전이 지연 된다.

〔日〕유·소시 병약하여 죽을 고비를 겪기도 하지만 중년부터는 점차 건강도 좋아지고 운기도 발전하여 평온함을 얻는다.

여자는 고부간에 불목하고 특히 병자(丙子)·기해(己亥)일 생은 가정불화가 잦다.

〔時〕자식이 부모의 세업을 계승하지 못하고 변경을 한다.

○ 양(養) 「중길(中吉)」

어머니의 태(胎) 속에서 자라는 아기처럼 생기있고 안
정과 보호속에서 성장하는 과정과 흡사하여 외부 간섭없
이 계획대로 추진되는 상태라 하겠다.

〔年〕 연지에 「양」이 위치하면 장자인 경우가 많고 만
일 그렇치 않으면 일찍 분가하여 자주 독립을 한다.

〔月〕 월지 「양」은 중년에 여자관계로 자칫하면 파산하
기가 쉽다고 본다.

〔日〕 부모와 인연이 박하여 함께 살지 못하고 분가하
여 독립을 하며 또한 처자와도 화목하지를 못하다. 그러
나 여자는 일생 행복하며 현명한 자녀를 둔다. 단 경진
(庚辰)일 생은 남편과의 인연이 아름답지 못하다.

〔時〕 시지에 「양」이 위치하면 노후에 자녀들의 효양을
받게 된다.

3. 귀액(貴厄) 12천성(天星)

아득한 예로부터 하늘의 정기를 받고 태어난 우리 인
간은 태어나면서부터 별자리(天星)가 정해지고 그 정해
진 천성의 변화와 연결되어 인간의 선천적 숙명이 조성
되고 태어나면서 년·월·일·시에 그 사람의 운명이 이
미 점지 되었다고 한다.

⑴ 귀액(貴厄) 12천성 회좌(回座)표

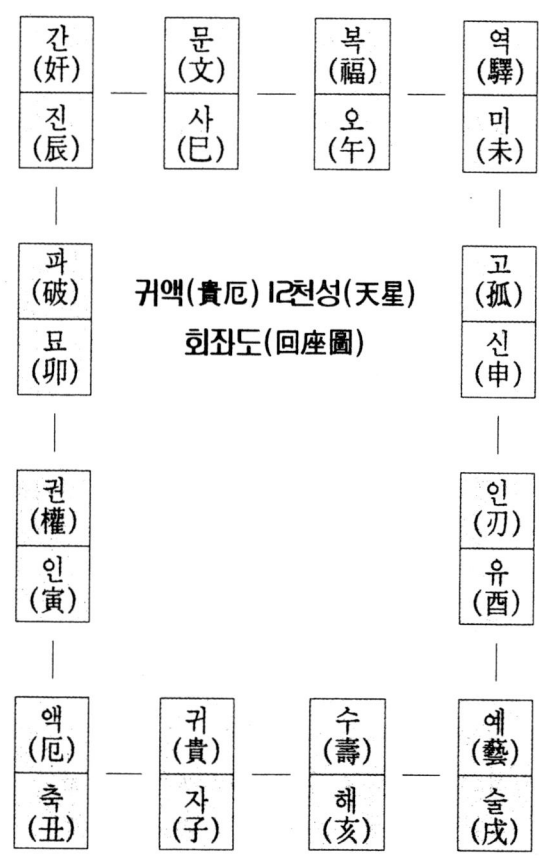

○ 보는 법

예: 1995년 2월 16일 18:00시 생의 경우 먼저 생년 (生年)의 지지(地支)로 본다. 1995년「을해(乙亥)」생은 천수성(天壽星)의 명줄을 타고 났다고 본다.

다음 생월은 타고 난「천수성」에서 1, 2, 3, 4, 5월 순으로 별자리를 짚어 정하는데 2월이면「월천귀(月天貴)」에 해당 된다.

다음 생일은 타고 난「월천귀(月天貴)」에서 1, 2, 3, 4, 5일자 순으로 별자리를 짚어가면「일천파(日天破)」에 해당 된다.

다음 생시는「일천파」에서 자·축·인·묘시 순으로 짚어가면 18:00시 유(酉)시 생은「시천귀(時天貴)」에 해당 된다. 이렇게 자기가 타고난 사주(四柱)의 별자리 천성(天星)을 찾은 후 다음 해설표에서 간명하면 된다.

⑵ 귀액(貴厄) 12천성의 운기(運氣)

○ 자귀성(子貴星)

인물이 비범하게 준수하여 귀인의 기상이다. 일찍이 학업에 정진하면 관운이 좋아 공직에서 출세하고 백록 (百祿)을 겸전(兼全)할 수 있다. 자손도 창성하며 대중을 위해 일을 많이 하면서 이름을 떨치고 만인이 우러러 존경하는 대길한 사주다.

○ 축액성(丑厄星·)

초년에는 일신이 곤궁하여 가끔 질병으로 고생을 한

다. 일찍 부모의 그늘에서 벗어나 자수 성가를 빨리 이룩해야 이롭고 평소 얻는 것은 적어도 쓰는 데가 많으니 일신이 늘 고달프다. 그래도 말년운은 무사하다.

○ 인권성(寅權星)

지혜 총명하고 재주가 뛰어나 일찍이 학업에 정진하면 공직에 출세한다. 만사 권능하고 처세에도 유능하여 독자적인 자영사업을 가져도 대성 발전할 수 있다. 단 중년기에는 부침과 흥망수가 따르나 만년운은 평온 대길하다.

○ 묘파성(卯破星)

백사에 시작은 화려해도 유종의 결실을 거두지 못하고 하는 일마다 뜻과 같이 성취되는 것 없이 괴로움만 수반되는 천액(天厄)의 별자리가 되어 마음은 늘 안정을 이루지 못하고 재산은 모아도 곧 흩어지는 불행한 사주다.

○ 진간성(辰奸星)

지모(智謀)가 뛰어나고 재주도 있다. 성정은 비록 급해도 경각에 풀어지고 풍성한 식록은 도처에 가득하여 공직이나 기업 등 어디서도 많은 사람이 움직이면서 화려하게 출세하고 영화를 누린다. 단 부부의 인연이 아름답지 못하여 흠이다.

○ 사문성(巳文星)

용모가 비범하게 준수하고 일찍이 학문에 정진하면 그 학문으로 높이 공명을 떨칠 수 있다. 특히 사주(四柱)중

에서 인권성(寅權星)이나 유인성(酉刃星)을 만나면 문무
겸전(文武兼全)할 수 있으며 특히 초년에는 식소 사번
(食小事煩)해도 만년에는 재물이 풍성하다.

○ 오복성(午福星)

복록이 풍성하여 안 되는 것이 없는 부귀쌍전(富貴雙
全)의 대길한 운세이다. 그러나 이 천복성(天福星)을 사
주 중에서 거듭 만나면 이와 달리 의식이 궁핍하다고 한
다. 이 때에는 의약(醫藥)업계에 종사하면서 많은 인명
을 구제하면 대길하다고 한다.

○ 미역성(未驛星)

이동이 빈번하고 변화와 굴곡이 많은 수다. 만일 공직
에 나아가지 못하면 상업이 대길하고 동서남북 사방을
두루 편답하면서 분주히 노력을 경주한 연후라야 재물도
모으고 몸과 마음도 함께 편안하다.

○ 신고성(申孤星)

육친이 무덕하고 형제가 각기 분산되어 몹시 고독하며
일찍 자수 성가를 빨리 이룩해야 성공을 기약할 수 있
다. 본시 타고난 재능과 개발된 기술로 생업을 삼아야
성취도 빠르다. 원래 인덕이 없는 팔자라 일찍이 자수·
독립하려는 굳건한 신념으로 한군데 뿌리를 박고 매진해
야 이롭다.

○ 유인성(酉刃星)

성정이 강건하고 담대심소(膽大心小)하면서 고집이 세다. 만일 몸에 어떤 신액이 없으면 하는 일에 시비가 잘 따르고 이동과 변화가 많은 분망한 명이다. 그래도 평생에 의식 걱정은 없고 재물은 동서남북 어디를 가나 풍성하게 따르는 운세다.

○ 술예성(戌藝星)

재능이 뛰어나고 예술 감각도 남다르게 민감하여 예술 방면으로 진출해도 대성 발전할 수 있는 역량과 소질이 있다. 독자적인 생업을 가져도 변동하는 정세에 처세함이 현명하여 유연하게 발전할 수 있으나 가끔 뜻하지 않은 손재(損財)·횡액(橫厄)수가 수반되기도 한다.

○ 해수성(亥壽星)

성품이 온유(溫柔)하고 신의(信義)를 중히 여기며 거짓이 없고 하나를 들으면 100을 깨닫는 재주가 있다. 초년은 한 때 곤고해도 점진적으로 성공의 기틀을 이룩하여 대성 발전하는 대부(大富) 대귀(大貴)의 영화를 기약할 수 있는 대길한 별자리이다.

★신개념 한국명리학총서(전15권)★ (금액 194,000원)

1 행복을 찾고 불행을 막는 점성술

정용빈 편저/신국판 204쪽/정가 12,000원
자연학의 원리를 이용하여 모순을 만나게 되는
것을 알 수 있게 하여 불운을 쫓아내는 것이 육
갑법 점성술이다.

2 손금으로 자기운명 알 수 있다

백준기 역/신국판 252쪽/정가 12,000원
뇌의 中樞神經의 작용이 손에 집중되어 표현되
는 사실을 도해로 설명하면서, 장래의 예지 등을
제시한다.

3 얼굴은 이래야 환영받는다

백준기 역/신국판 240쪽/정가 12,000원
관상의 기본이 되는 三質論의 상세한 해설을 비
롯, 인상의 연령 변화, 복합관상 등, 결과에 따
른 원인을 구명했다.

4 사주팔자 보면 내운명 알 수 있다

정용빈 편저/신국판 380쪽/정가 18,000원
12천성과 음양 오행의 심오한 이치를 누구나 알
기 쉽게 재정립한 사주 명리학의 결정판

5 꿈해몽은 이렇게 한다

정용빈 편저/신국판 250쪽/정가 14,000원
꿈에는 자신의 희미한 성패의 비밀이 숨겨져 있
어 이를 풀이하고, 역사적 인물들이 남긴 꿈들을
수록했다.

6 여성사주로 여성운명을 알 수 있다

진옥숙 저/정용빈 역/신국판 254쪽/정가 12,000원
연애·결혼·건강·사업 등, 동양의 별의 비법이 밝히
는 여성의 운명, 너무도 정확해서 겁이 날 정도
다.

7 풍수지리와 좋은 산소터 보기

정용빈 편저/신국판 262쪽/정가 12,000원
산소 자리를 가려서 육체와 혼백을 잘 모시면
신령(神靈)이 편안하고 자손 또한 편안하다.

※ 출판할 원고나 자료 가지고 계신 분
출판하여 드립니다.
문의 ☎ 02-2636-2911번으로 연락

8 이름감정과 이름짓는 법

성명철학연구회 편/신국판 260쪽/정가 12,000원
기초 지식부터 이름 짓는 방법, 성명감점 방법,
이름으로 身數를 아는 방법 등을 자세히 설명했
다.

9 나이로 본 궁합법

김용호 지음/신국판 334쪽/정가 14,000원
생년·월·일만 알면 생년의 구성을 주로 하여 생월
을 가미시켜 초심자도 알기 쉽게 했다.

10 십이지(띠)로 내 평생 운세를 본다

김용호 편저/신국판 290쪽/정가 14,000원
동양철학의 정수인 간지(干支)와 구성(九星)학을
통하여 스스로의 찬성, 천운, 길흉을 예지하기
쉽게 기술했다.

11 이런 이름이 출세하는 이름

정용빈 편저/신국판 227쪽/정가 12,000원
성명 철리(哲理)의 문헌을 토대로하여 누구나 좋
은 이름을 지을 수 있도록 쉽게 정리했다.

12 오감에서 여성 운세 능력 개발할 수 있다

김진태 편저/신국판 260쪽/정가 12,000원
미각·촉각·후각·청각·시각을 이용하여 교제 능력을
키우고, 자신의 운세를 개발할 수 있도록 했다.

13 신랑신부 행복한 궁합

김용호 편저/신국판 250쪽/정가 12,000원
역리학적인 사주명리의 방법 외에 첫 인상, 관
상, 수상, 구성학, 납음오행 등을 기호에 맞게
기술했다.

14 택일을 잘해야 행복하다

정용빈 편저/신국판 260쪽/정가 12,000원

15 달점으로 미래운명 보기

문(moon)무라모또 저/사공혜선 역/신국판 280쪽/
정가 14,000원

신개념 한국명리학총서 14

택일을 잘해야 행복하다　　　**定價** 12,000원

2026年 1月 25日 2판 인쇄
2026年 1月 30日 2판 발행

편 저 : 정 용 빈
(松 園 版)
발행인 : 김 현 호
발행처 : 법문 북스
공급처 : 법률미디어

1 5 2 - 0 5 0

서울 구로구 구로동 636-62

TEL : 2636-2911~3, FAX : 2636~3012

등록 : 1979년 8월 27일 제5-22호

Home : www.lawb.co.kr

ISBN 978-89-7535-211-9 04150

대한민국 법률서적 최고의 인터넷 서점으로
법률서적과 그 외 서적도 제공하는

각종법률서적 신간서적도 보시고
정보도 얻으시고
홈페이지 이벤트를 통해서
상품도 받아갈 수 있는

핵심 법률서적 종합 사이트

www.lawb.co.kr

(모든 법률서적 특별공급)

대표전화 (02) 2636-2911